Petra Bachmann

DIE GEFÄHRLICHSTEN
Entdeckungsreisen
DER WELT

arsEdition

INHALT

Unbekannte Welten zu entdecken, war schon immer ein Antrieb der Menschen, sich auf waghalsige Reisen zu begeben. Anfangs waren sie noch zu Fuß unterwegs, später wagten Mutige den Ritt per Floß, Boot oder Schiff übers Meer. Der riesige Ozean galt damals als unberechenbar – und vielleicht würde man am Ende sogar über den Rand der Erde fallen – niemand wusste dies genau. Karten und Wegweiser gab es noch nicht, Instinkt und eine gehörige Portion Draufgängertum waren nötig und oft auch lebensrettend. Viele Gefahren lauerten auf solchen Entdeckungsreisen, Krankheiten, Unwetter, Hitze, Kälte, Hunger, Durst, Räuber oder andere unvorhersehbare Situationen. Eroberer zogen gezielt los in ferne Welten, die sie für ihre Herrscher unterwarfen. Dabei verbreiteten sie selbst Angst und Schrecken und rotteten oft ganze Völker aus.

Die Erforschung der Welt war das Ziel späterer Entdecker. Sie ertrugen dafür ungeheure Strapazen, sei es im Dschungel, in Wüsten, in eisigen Regionen und auf den höchsten Gipfeln der Erde. Manche von ihnen dienten dabei der Wissenschaft. Andere wollten und wollen den Wettlauf gewinnen, irgendwo der Erste zu sein – auch im All.

Möchtest du auch Abenteuer erleben und fremde Gebiete entdecken? Reise auf den Spuren kühner Frauen und Männer, lerne von ihren Erfolgen und Niederlagen. So bereitest du dich auf dein eigenes Abenteuer ins Unbekannte vor – wo auch immer das liegen mag.

Gefahreneinstufung:

 Todesmutig

 Lebensgefährlich

 Bedrohlich

 Waghalsig

LEIF ERIKSSON –
Erster in Nordamerika

1000   **um 1000**   1100   1200   1300   1400   150

Hat Christoph Kolumbus Amerika entdeckt? Oder setzten rund 500 Jahre vor ihm Wikinger als erste Europäer ihren Fuß auf diesen Kontinent? So legt es die »Grönland-Saga« nahe, die im 14. Jh. niedergeschrieben wurde. Sie berichtet von dem Nordmann Leif Eriksson, Sohn Erik des Roten, der um das Jahr 1000 mit einem Schiff und einer 35-köpfigen Mannschaft von Grönland aus gen Westen ins Unbekannte segelte.

Er wollte sich mit eigenen Augen von dem überzeugen, was ihm der Händler Bjarne Herjolfsson erzählt hatte: Irgendwo da draußen läge ein Land mit dichten Wäldern, das sie endlos mit Holz als Bau- und Brennmaterial versorgen könnte. Er selbst habe sich aber wegen der unzähligen Gefahren nicht getraut, dort anzulegen.

Stein- und Waldland

Leif Eriksson und seine Mannen wagten ohne Kompass und ohne Karte die Fahrt über das Meer; als sie Land sichteten, fuhren sie mit Beibooten ans Ufer. Aber dort gab es nur Eis, Gletscher und steinigen Boden, weshalb sie die Gegend »Steinland« tauften und weitersegelten. Sie passierten eine flache bewaldete Küste, der sie den Namen »Waldland« gaben.

Überwintern in »Vinland«

Erst auf einer Insel legte die Leif-Eriksson-Expedition an einer Flussmündung an. Die vielen Lachse dort dienten ihnen als Nahrung. Weil es auch wilden Wein gab, nannten sie die Insel »Vinland«. Manche Forscher meinen, »Vinland« könne auch Weideland bedeuten. Da die

1600	1700	1800	1900	2000

Temperaturen recht mild waren, überwinterten die Entdecker dort, bevor sie die Heimreise nach Grönland antraten. Aufgrund ihres Reiseberichts brachen in den kommenden Jahren die Brüder von Leif Eriksson nach »Vinland« auf, richteten dort Kolonien ein, in denen sie und später ihre Nachkommen lebten.

Leif Eriksson
Wikinger

* * um 970 Island als Sohn Erik des Roten
* † um 1020

L'ANSE AUX MEADOWS

Auf Neufundland, einer kanadischen Insel, die wohl Leif Erikssons »Vinland« entspricht, gruben die norwegischen Archäologen Helge und Anne-Stine Ingstad ab 1961 tatsächlich eine isländisch-grönländische Siedlung aus. L'Anse aux Meadows stammte aus dem Jahr 1000 und bestand aus mehreren Häusern und einer Schmiede. Fundstücke wiesen darauf hin, dass dort vor der Entdeckung Amerikas durch Kolumbus bereits Skandinavier lebten. Seit 1978 gehört diese Stätte zum UNESCO-Weltkulturerbe.

Skraelinger

Einer der Brüder, Thorvald, geriet in eine Auseinandersetzung mit den »Skraelingern«. So nannten die Wikinger die Ureinwohner des neu entdeckten Landes, wahrscheinlich Indianer oder Inuit. Als er und seine Männer viele davon töteten, rächte sich das bitter: Die Einheimischen waren in der Überzahl und schlugen zurück, Thorvald starb. Einige Jahrhunderte hatten die Wikingersiedlungen Bestand, bevor sie wegen eines Klimawandels als zu kalt aufgegeben wurden und in Vergessenheit gerieten.

MARCO POLO –
Von Venedig nach China

Erst 17 Jahre alt war der Venezianer Marco Polo, als er 1271 zusammen mit seinem Vater und Onkel zu einer großen Reise aufbrach: Durch den Vorderen Orient und quer durch Asien ging es nach Shangdu, an den Hof des Mongolenherrschers Kublai Khan, der zugleich Kaiser von China war. Für Niccolò und Maffeo Polo, beide Juwelenhändler, war es bereits die zweite Reise, diesmal im Auftrag sowohl des Khans als auch von Papst Gregor X. Seine Erlebnisse diktierte Marco Polo dem Schriftsteller Rustichello da Pisa, mit dem er später in Genua im Gefängnis saß. Die Aufzeichnungen, ein Bestseller des Mittelalters, erzählten von der beschwerlichen Reise, vom herzlichen Empfang am chinesischen Kaiserhof und von zahlreichen Sehenswürdigkeiten, Sitten und Gebräuchen ganz verschiedener Völker. Doch stimmten die Berichte oder war alles nur erfunden?

Pamir-Gebirge

auf die südliche Seidenstraße. Dort kamen ihnen Boten des Kublai Khan entgegen und gaben ihnen Geleitschutz.

Über Land gen Osten

Den Plan, übers Meer gen China zu segeln, gab die Familie Polo auf, als sie am Persischen Golf nur schlecht ausgerüstete Schiffe vorfand. Ihr Weg führte über Land vorbei an der Salzwüste Dascht-e Lut in Persien nach Afghanistan, über die bis zu 4000 m hohen Pässe des Pamir-Gebirges, durch einen Teil der unwirtlichen Sandwüste Taklamakan (Zentralasien)

Marco Polo
Venezianischer Kaufmannssohn

* 1254
Venedig

† 1324
Venedig

1600	1700	1800	1900	2000

Im Dienst des Khans

17 Jahre blieb Marco Polo in Asien, lernte dort mehrere Sprachen und reiste im Auftrag des Khans durch Tibet, den Fluss Jangtse entlang, ins Innere von Birma und in Regionen, die heute zu Thailand und Vietnam zählen. Zuvor hatte kein Europäer diese Gegenden besucht. Ihre Rückreise erzwang Familie Polo durch eine List, da der chinesische Kaiser sie nicht gehen lassen wollte: Sie begleiteten eine Prinzessin nach Persien, die dort einen Großneffen von Kublai Khan heiraten sollte. Diesmal war ihnen der Landweg versperrt, weshalb sie ab dem Jahr 1292 übers Meer segelten und wegen einer Flaute Monate auf der Insel Sumatra verbrachten.

Glückliche Rückkehr

Venedig

Die Schiffsreise führte sie an der indischen Küste entlang, Unwetter und Krankheiten überlebten von 600 Menschen nur 18! Marco Polo und seine Verwandten erreichten 1295 Venedig. Marco Polo kämpfte später als Kommandant einer Galeere gegen die Genuesen. Er wurde gefangen genommen – für die Nachwelt ein Glücksfall: Im Kerker entstanden bis zu seiner Entlassung 1299 die Reiseberichte, die unzählige Menschen, darunter Christoph Kolumbus, zu eigenen Abenteuern anregten.

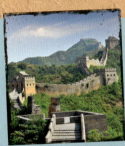

DIE CHINESISCHE MAUER

Einer der Gründe, warum viele Forscher bezweifeln, dass Marco Polo je in Asien war: Er erwähnte die Chinesische Mauer nicht. Immerhin hatte man mit dem Bau der Befestigungsanlage, die über 21 196 km lang ist, schon im 7. Jh. begonnen. Allerdings wurde sie erst zwischen dem 14. und 17. Jh. fertiggestellt. Womöglich hatte Marco Polo zwar hier und da Wachtürme gesehen, da sie aber untereinander noch nicht verbunden waren, wurde die Chinesische Mauer als mächtiges Bauwerk nicht erkannt.

IBN BATTUTA –
Durch die islamische Welt

um 1325

Einmal nach Mekka – dem Wallfahrtsort des Islams – zu reisen, war der Traum von Ibn Battuta, der mit vollem Namen Scheich Abu Abdallah Mohammed bin Abdallah bin Mohammed bin Ibrahim al-Lawati hieß. 1325 brach er von Tanger in Marokko zu seiner Pilgerfahrt, »Hadsch« genannt, auf. Per Kamel, Kutsche und Schiff entlang der Nordküste Afrikas gelangte er über Syrien schließlich zu den heiligen Stätten.

Anstatt in seine Heimat zurückzukehren, zog das Fernweh Ibn Battuta weiter. Nach 29 Jahren und 120 000 km wurde er endgültig wieder in Marokko sesshaft. Dort schrieb er eine »Rihla«, eine Art Reisebericht. Er gilt als der größte arabische Weltreisende.

Gewollte Umwege

Mesopotamien, das irakische Basra, Isfahan in Persien und Täbris an der Seidenstraße besuchte Ibn Battuta, bevor er über Mekka ans Rote Meer reiste. Danach zog es

Mekka

ihn die Ostküste Afrikas hinunter, nach Oman auf der Arabischen Halbinsel und zum dritten Mal nach Mekka. Dann plante er, nach Indien zu gehen, um für den neuen Sultan von Delhi zu arbeiten. Er gelangte über Anatolien, Konstantinopel, das Kaspische Meer, den Aralsee und Afghanistan dorthin.

DER SCHWARZE TOD

Von Asien aus breitete sich Mitte des 14. Jh. die Pest über ganz Europa aus. Jeder Dritte der damaligen Bevölkerung kam dabei ums Leben, insgesamt starben vermutlich 25 Millionen Menschen. Die Krankheit breitete sich vor allem über Handelswege und in Hafenstädten schnell aus. Damals wussten die Menschen noch nicht, dass sie ursprünglich über infizierte Rattenflöhe sowie übers Husten und Niesen übertragen wurde, und sahen die Pest als eine Strafe Gottes an.

1600   1700   1800   1900   2000

Rebellen, Stürme und Piraten

1333–1340 war Ibn Battuta als »Kadi«, also Richter des Sultans, in Delhi. Dann wollte er per Schiff nach China entfliehen. Auf dem Weg an die indische Küste überfielen ihn Rebellen. Er überlebte den Angriff knapp. Eine Zeit lang waren es Stürme und Piraten, die ihn zwangen, zwischen den Malediven und Ceylon (heute: Sri Lanka) hin und her zu reisen. Doch schaffte er es per Segelboot 1342 über Chittagong im heutigen Bangladesch, Sumatra und Vietnam nach China. Vier Jahre später trat er die Rückreise an, wobei er ständig vom Schwarzen Tod, der Pest, bedroht war. 1349 kam er wohlbehalten in Tanger an.

Ibn Battuta

Abenteurer aus Marokko

* 1304
Tanger/Marokko

† um 1369
Fes/Marokko

Tanger

Letzte Abenteuer

Im selben Jahr zog er mit dem Militär ins islamische Spanien, um Gibraltar vor den Angriffen der Christen zu verteidigen. 1352 schloss er sich einer Karawane an, mit der er die Sahara durchquerte. Er fuhr auf dem Fluss Niger – den er für den Nil hielt – durch das Reich Mali und erreichte dessen Hauptstadt Timbuktu. 1353 kehrte er endgültig nach Marokko zurück, wo er hoch geehrt seinen Lebensabend verbrachte.

CHRISTOPH KOLUMBUS –
Ahnungslos in Amerika

| 1000 | 1100 | 1200 | 1300 | 1400 | 150 |

1492

Der italienische Seefahrer Christoph Kolumbus gilt als einer der größten Entdecker der Welt. Seine Idee: auf See immer weiter gen Westen zu segeln, um so irgendwann im Osten (Asien) mit seinen sagenhaft reichen Ländern anzukommen. Das Vorhaben war wagemutig, galt doch der riesige Ozean (Atlantik) als sichere Todesfalle mit Ungeheuern und Unwettern.

Nachdem die damals vorherrschende Weltmacht und Seefahrernation Portugal Kolumbus abgewiesen hatte, stattete Spanien den erfahrenen Seefahrer mit drei Schiffen und insgesamt 90 Mann Besatzung aus. Nach nervenaufreibender Fahrt übers Meer sichteten Kolumbus und seine Mannschaft im Herbst 1492 Land, sie hatten ihre Aufgabe scheinbar erfüllt. Bis an ihr Lebensende ahnten sie nicht, dass sie Amerika und damit einen für Europäer neuen Kontinent entdeckt hatten.

Admiral der Weltmeere

Vom spanischen Hof zum »Admiral der Weltmeere« ernannt, stach Kolumbus mit den Segelschiffen »Santa Maria«, »Niña« und »Pinta« am 3. August 1492 in See. Ein Zwischenstopp musste wegen Reparaturarbeiten auf den Kanarischen Inseln eingelegt werden. Dann folgte eine fast zweimonatige Fahrt ins Ungewisse, bei der nichts weiter als Wasser zu sehen war. Das führte zu großer Angst unter der Besatzung und fast zur Meuterei.

Christoph Kolumbus
Italienischer Seefahrer

* 1451
Genua/Italien

† 1506
Valladolid/
Spanien

1600	1700	1800	1900	2000

Land ins Sicht!

Am 12. Oktober 1492 erschien eine Küste. Kolumbus und seine Mannschaft legten auf einer Insel an, heute Teil der Bahamas, die er »San Salvador« taufte. Da er glaubte, in Indien zu sein, nannte Kolumbus die Eingeborenen »Indianer«. Die erste Begegnung war friedlich, Kolumbus tauschte mit ihnen Glasperlen gegen Baumwolle. Die Entdecker segelten an Kuba vorbei und errichteten auf Hispaniola (heute liegen dort die Staaten Haiti und die Dominikanische Republik) aus den Resten der schiffbrüchigen »Santa Maria« eine erste Festung. Ein Teil der Mannschaft blieb dort, der andere trat mit Kolumbus 1493 die Rückreise an. Daheim wurden sie als Helden gefeiert.

Inbesitznahme

Bestens ausgerüstet, mit 17 Schiffen und 1500 Seeleuten, ging Kolumbus auf weitere Expeditionen. Von 1493–1496 entdeckte er die Antillen, Puerto Rico und Jamaika. 1498–1500 lief er Trinidad und Tobago (Karibik) an und sichtete in Südamerika die Flussmündung des Orinoco. Seine letzte Reise führte ihn 1502–1504 an der Küste Mittelamerikas entlang, wo er schließlich in Honduras erstmals Festland betrat. Für die spanische Krone nahm Kolumbus mit der Erlaubnis des damaligen Papstes Land in Besitz und kolonialisierte es. Nach Europa brachte er Kartoffeln, Tomaten, Mais und Chilis mit sowie die Kakaobohne.

AMERIKAS NAMENSGEBER

Amerigo Vespucci

Warum wurde Amerika nicht nach Kolumbus benannt? Das entschied der deutsche Kartograf Martin Waldseemüller: Auf seiner Weltkarte von 1507 gab er dem neuen Kontinent den Namen »America«, um damit Amerigo Vespucci (um 1451–1512) zu ehren. Dieser Seefahrer hatte zwischen 1499–1504 auf mehreren Reisen die Ostküste Südamerikas erkundet und als Erster vermutet, dass es sich nicht um Indien, sondern um einen neuen Kontinent handelte.

VASCO DA GAMA –
Seeweg nach Indien

um 1498

Mit einer Flotte von vier Schiffen umrundete der Portugiese Vasco da Gama das Kap der Guten Hoffnung und erreichte 1498 als erster Europäer auf dem Seeweg Indien. Bis dahin wurden so wertvolle Güter wie Gewürze und Edelsteine von Arabern, Persern, Türken und Venezianern über Land transportiert und gehandelt, die dadurch den Markt beherrschten.

Vasco da Gama schloss nicht nur ein erstes Handelsabkommen in Indien. Auf seiner zweiten Indienreise 1502 war er bewaffnet, zerstörte arabische Stützpunkte an der afrikanischen Ostküste und brachte Gebiete an der Malabarküste im Südwesten Indiens in den Besitz seines Königs. Die früheren Händler verloren ihren Einfluss, Lissabon wurde zum führenden Umschlagplatz für Gewürze und Portugal stieg zur Weltmacht auf.

Erfahrener Vorreiter

Bereits 1487/1488 hatte der Portugiese Bartolomeu Diaz als erster Europäer die Südspitze Afrikas umsegelt. Wegen einer Meuterei konnte er die Fahrt nach Indien nicht vollenden. Diaz war 1497/1498 bei Vasco da Gamas Indien-Expedition als erfahrener Seefahrer dabei und lenkte eines der Schiffe bis zu den Kapverdischen Inseln vor Afrikas Westküste. Warum Vasco da Gama die gesamte Reise leitete und nicht er, ist nicht überliefert.

Machtkampf

Ein arabischer Navigator half da Gama, die letzte Etappe über den Indischen Ozean zu bewältigen. Nach erfolgreichen Verhandlungen an der gewürzreichen indischen Malabarküste trat die Flotte des Entdeckers schwer beladen die

Kapverdische Insel Santo Antão

Malabarküste

Gefahreneinstufung:

Dreimal Aug in Aug mit gefürchteten Seetiefen und feindseligen Angreifern.

1600	1700	1800	1900	2000

Rückreise an: Sie dauerte wegen ungünstiger Winde dreimal so lang wie die Hinreise, viele Matrosen erkrankten an Skorbut (s. S. 31), eine Vitamin-C-Mangel-Krankheit. In Portugal wurde der Seefahrer zum Admiral des Indischen Ozeans ernannt. Doch erst 1502 konnte er zu einer zweiten Expedition aufbrechen, bei der er durch Kampf und Unterwerfung Portugals neue Stellung in dem fernen Land sicherte. Auf der Rückfahrt entdeckte Vasco da Gama die Seychellen und die Komoren für Europa.

Tod in Indien

Für seine Verdienste wurde Vasco da Gama in den Adelsstand erhoben und zum Vizekönig ernannt. Mit zwei seiner Söhne reiste er 1524 ein letztes Mal nach Indien, um sich um die Verwaltung und das Militär zu kümmern. Kurz nach seiner Ankunft erkrankte er so schwer, dass er in der indischen Stadt Cochin starb. Erst 1538 sorgte ein Sohn dafür, dass die Gebeine seines Vaters nach Portugal zurückkehrten. Sie ruhen heute in einem Ehrengrab in einer Kapelle im Lissaboner Stadtteil Belem.

Vasco da Gama
Portugiesischer Seefahrer

* um 1469 Sines/ Portugal

† 1524 dritte Reise nach Indien; Tod in Cochin

LOHNENDER GEWÜRZHANDEL

Im Mittelalter waren Gewürze – wie z. B. Pfeffer, Zimt, Muskatnüsse oder Gewürznelken – nur etwas für sehr reiche Menschen. Die »Spezereien« kosteten viel Geld, da sie aus Asien nach Europa kamen, hauptsächlich durch arabische Händler, die sie per Karawane über weite Strecken transportierten. Wer an diesem Markt teilhatte, etwa venezianische Zwischenhändler, konnte ein Vermögen verdienen. Der von Vasco da Gama eröffnete Seeweg sicherte Portugal 100 Jahre den uneingeschränkten Zugang zum Gewürzhandel.

VASCO NÚÑEZ DE BALBOA –

Das andere Meer

1000	1100	1200	1300	1400

um 1513

Die Entdeckung der Neuen Welt durch Christoph Kolumbus regte den verarmten spanischen Adligen Vasco Núñez de Balboa an, jenseits des Atlantiks auch sein Glück zu versuchen. Als einfacher Matrose nahm er ab 1501 an einer Expedition entlang der mittelamerikanischen Festlandküste teil. Später half ihm das bei seinem Aufstieg zum Gouverneur der ersten festen europäischen Siedlung im heutigen Panama. Als ein Indianerhäuptling von unermesslichen Goldreserven im Hinterland erzählte, marschierte de Balboa 1513 zusammen mit 180 Spaniern und 800 Indianern quer durchs Land und über die Berge. Nach einem Monat erblickte er als erster Europäer von einem Berggipfel aus »das andere Meer«, den Pazifik, von ihm »Südmeer« genannt.

Überlebenskünstler

Die erste Expedition, an der Vasco Núñez de Balboa teilnahm, erlitt vor Hispaniola Schiffbruch. 500 Menschen kamen dabei ums Leben, de Balboa selbst rettete sich auf die Insel und wurde dort Pflanzer. Aufgrund seiner hohen Schulden ging er 1510 als blinder Passagier an Bord eines Schiffes. Die Seeleute legten an einem Küstenabschnitt Mittelamerikas an, der ihm bereits vertraut war. So konnte er die Neuankömmlinge führen, was ihm 1511 rasch den Aufstieg zum Gouverneur und Generalkapitän der Region Castilla del Oro bescherte.

Meer jenseits der Berge

Die Indianer, die in der von den Spaniern neu besiedelten Region lebten, wurden von de Balboa besiegt. Mit Geschenken wurden sie zu vermeintlichen Verbündeten gemacht. Sie verrieten ihm die Route zu den Reichtümern im Hinterland – auch, um ihn und seine Mitstreiter loszuwerden. Doch viele Indianer mussten de Balboa als

Panama, Dschungel

14

1600　　1700　　1800　　1900　　2000

Kämpfer gegen andere Indianerstämme sowie als Träger durch Panamas Dschungel begleiten. Sie wurden ständig von Alligatoren, Schlangen, Stechmücken, aber auch von Hitze, Stürmen und Fieberkrankheiten bedroht. 1513 kam die Truppe am Pazifik an, den de Balboa für die spanische Krone beanspruchte.

Vasco Núñez de Balboa

Spanischer Konquistador

* 1475
  in Spanien

* 1519 Hinrichtung in Panama

Zum Tode verurteilt

An der Westküste fanden die Konquistadoren Gold und Perlen und hörten von einem weiteren »Goldland« weiter südlich – wahrscheinlich das Reich der Inka. Qualvolle 20 Mal durchquerte de Balboa das Land, um ein zerlegtes Schiff an die Pazifikküste zu schaffen. Seinen Plan, die Westküste gen Süden zu erkunden, konnte er nicht mehr verwirklichen: Pedro Arias de Ávila, sein eigener Schwiegervater und Gründer von Panama-Stadt, bezichtigte ihn des Hochverrats. De Balboa wurde verhaftet, zum Tode verurteilt und 1519 enthauptet.

PANAMAISCHER BALBOA

Eine ungewöhnliche Ehre wurde dem Abenteurer Vasco Núñez de Balboa lange nach seinem Tod in Panama zuteil: Der 1903 gegründete Staat, der einst unter spanischer Herrschaft stand, benannte seine Währung nach ihm. Ein Panamaischer Balboa sind 100 Centésimos, was einem US-Dollar entspricht, dem zweiten gesetzlich gültigen Zahlungsmittel in dem mittelamerikanischen Land.

FERDINAND MAGELLAN –
Erste Weltumseglung

Mit Vasco da Gama hatten die Portugiesen den östlichen Seeweg nach Indien entdeckt und waren danach noch weiter gen Osten bis zu den Molukken, den sogenannten Gewürzinseln, gesegelt. Auch Spanien wollte Anteil an dem gewinnträchtigen Gewürzhandel haben. Im Auftrag dieses damals ebenfalls sehr mächtigen Landes begab sich der portugiesische Seefahrer Ferdinand Magellan ab 1519 auf die Suche nach einem westlichen Seeweg nach Asien.
Seine Reise führte über den Atlantik zu einer erstmals von Europäern befahrenen Meerenge an Südamerikas Südspitze in den Pazifischen Ozean. Obwohl Magellan unterwegs zu Tode kam, gilt er bis heute als erster Weltumsegler.
Er und seine Männer bewiesen damit eine damals noch umstrittene Behauptung: dass die Erde eine Kugel ist.

Tief im Westen

Bereits 1505 nahm Magellan für die portugiesische Krone an einer Indienexpedition teil. Sechs Jahre später reiste er im selben Auftrag auf einem Segler weiter gen Osten zu der heute indonesischen Inselgruppe der Molukken (Gewürzinseln). 1517 trat Magellan in den Dienst Spaniens und überzeugte mit dem Plan, eine westliche Route zu den Molukken zu finden.

Gewürzinseln

Ferdinand Magellan
Portugiesischer Seefahrer

* 1480
Sabrosa/
Portugal

† 1521
Mactan/
Philippinen

1600	1700	1800	1900	2000

Allerheiligenstraße

Magellan erhielt eine Flotte aus fünf Schiffen, mit denen er 1519 von Sevilla aus über den Atlantik nach Südamerika segelte. Auf der Suche nach einer Durchfahrt zum Stillen Ozean reiste die Flotte die

Feuerland

Küste entlang. Rationiertes Essen und erschöpfte oder kranke Matrosen führten oft zur Meuterei. Einen Teil der Mannschaft setzte Magellan in Südamerika aus, ein Schiff verweigerte die Weiterfahrt und kehrte nach Spanien zurück. Die verbliebenen Schiffe fanden den Weg zwischen dem südamerika-

nischen Festland und der vorgelagerten Insel Feuerland hindurch an Allerheiligen 1520. Die damals Allerheiligenstraße getaufte Meerenge heißt heute Magellanstraße.

Gewürzinseln

Bei dem Versuch, die Bewohner der philippinischen Insel Mactan zum Christentum zu bekehren, wurden 1521 Magellan und weitere 35 Seeleute getötet. Ein Teil der Mannschaft erreichte schließlich die Gewürzinseln (Molukken) und belud das Schiff »Victoria« mit mehreren Tonnen Gewürzen. Über den Indischen Ozean und rund um Afrika gelangten 1522 nach insgesamt fast drei Jahren von einst 237 Expeditionsteilnehmern 18 Männer zurück nach Spanien. Der westliche Seeweg nach Asien wurde nie genutzt – er war viel zu weit.

Muskatnuss

EIN TAG FEHLT!

Nachdem die Weltumsegler zurück in Spanien waren, stellten sie fest, dass das Rückkehrdatum in ihrem Logbuch um einen Tag von dem Datum daheim abwich. Sie hatten folgendes Phänomen entdeckt: Wer die Erde in östlicher Richtung umsegelt, gewinnt einen Tag, wer immer gen Westen reist, verliert einen Tag. Später wurde mit der Einführung einer Datumsgrenze entlang des dünn besiedelten 180. Längengrads im Pazifik festgelegt, wo offiziell welches Datum gilt.

HERNÁN CORTÉS –

Im Reich der Azteken

»Gold« – das war das Zauberwort, das den spanischen Konquistadoren (spanisch für: Eroberer) Hernán Cortés von der spanischen Kolonie Kuba aus auf die Halbinsel Yucatán im heutigen Mexiko lockte. Bei seiner Ankunft 1519 bekam er ein wertvolles Geschenk: die Indianerin Malitzin. Sie besorgte ihm als Dolmetscherin wichtige Informationen und machte einige Indianerstämmen zu seinen Verbündeten.

Mit ihnen trat er in mehreren Feldzügen gegen die Azteken an, die ein riesiges Reich errichtet hatten und von ihrem König Moctezuma regiert wurden. Hernán Cortés unterwarf die Azteken und machte ihr Reich mit der Hauptstadt Tenochtitlán, heute Mexiko-Stadt, zur spanischen Kolonie. Mit dieser Eroberung stieg Spanien Anfang des 16. Jh. zum reichsten Land der Welt auf.

Willkommensgruß

Bei seiner Ankunft auf Yucatán beschenkten die ersten Azteken, auf die Cortés 1519 traf, ihn reich – um ihn wieder loszuwerden. Sie erreichten jedoch das Gegenteil. Er gründete eine erste Kolonie und schloss sich mit Indianerstämmen zusammen, die den Azteken feindlich gesinnt waren. Mit mehreren Tausend Mann marschierte er auf Tenochtitlán zu.

Hernán Cortés
Spanischer Konquistador

* 1485
  Medellín/
  Spanien

† 1547
  nahe Sevilla/
  Spanien

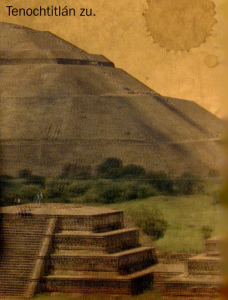

Gefahreneinstufung:
Verlustreich und doch ein
großer Gewinn für Spanien.

1600	1700	1800	1900	2000

Rückkehr des Gottkönigs?

Moctezuma II. wehrte sich zunächst nicht gegen die Angreifer: Eine alte aztekische Legende besagte, der Gottkönig Quetzalcóatl (Federschlange) würde mit hellhäutigem Gefolge zu seinem Volk zurückkehren. Moctezuma ließ Cortés und seine Truppen in die Stadt, die damals über 200 000 Bewohner hatte, und übergab ihnen Gold und Schmuck. Nach mehreren verlustreichen Kämpfen 1520/1521 und einer 75 Tage dauernden Belagerung fiel Tenochtitlán. Moctezuma wurde durch sein eigenes Volk entmachtet und getötet. Auf den Überresten der komplett zerstörten Stadt mit ihren Tempelpyramiden errichteten die Spanier den Ort México.

Hochgeehrt

Hernán Cortés wurde vom spanischen König 1522 zum Generalkapitän von Neu-Spanien ernannt. Für diese Kolonie unterwarf er bis 1526 die gesamte Halbinsel Yucatán sowie Maya-Gebiete, die auf dem Gebiet des heutigen Guatemalas und Honduras lagen. Als Ritter und Marquis genoss Cortés hohes Ansehen. Er versuchte, weitere Expeditionen über den Pazifik zu starten, sie misslangen jedoch. Von Spanien aus führte ihn 1541 ein letzter Feldzug nach Algier, bevor er 1547 nahe Sevilla starb.

MONTEZUMAS RACHE

Die Legende sagt, der Aztekenherrscher Moctezuma, den die Spanier auch Montezuma nannten, habe kurz vor seinem Tod einen immerwährenden Fluch ausgesprochen: Danach sollen alle, die jemals in sein Reich eindringen, seine Rache zu spüren bekommen. Da auch heute noch viele Touristen, die Mexiko besuchen, an Durchfall leiden, wird bei dieser Erkrankung scherzhaft von »Montezumas Rache« gesprochen.

Kukulcán-Pyramide (Yucatán)

FRANCISCO PIZARRO –

Das Ende der Inka

| 1000 | 1100 | 1200 | 1300 | 1400 | 15 |

Inka-Stadt: Machu Picchu

Vom 13. bis 16 Jh. bestand das Reich der Inka. Es erstreckte sich entlang der Anden an der Westküste Südamerikas vom heutigen Ecuador bis Chile und einen Teil Argentiniens. 1532 kam der Spanier Francisco Pizarro – der Legende nach ein einfacher Schweinehirte – und zerstörte mit nur wenigen Männern diese südamerikanische Hochkultur.

Francisco Pizarro erkannte, dass die Inka untereinander zerstritten waren, und nutzte dies aus. Zudem schwächten neuartige Krankheiten wie Pocken und Masern die Inka. Ihr Herrscher Atahualpa unterschätzte die spanischen Eindringlinge zunächst, nahm sie freundlich auf und wollte mit ihnen verhandeln. Ein schwerwiegender Fehler!

Auf ins Abenteuer

Den Bauernsohn Francisco Pizarro, der nie zur Schule gegangen war und nicht schreiben konnte, reizten die neu entdeckten Länder jenseits des Atlantiks. Von Sevilla aus begab er sich 1509 auf Seefahrt entlang der Küste Südamerikas. 1513 begleitete er Vasco Núñez de Balboa (s. S. 14) bei dessen Durchquerung von Panama und wurde 1519 Bürgermeister von Panama-Stadt.

Geiselnahme

Unermessliche Goldschätze sollte es in einem Land südlich von Panama geben. Pizarro unternahm ab 1522 mehrere Expeditionen entlang der Pazifikküste, immer bedroht von Hunger, Krankheiten und Kämpfen mit den Indianern.

Francisco Pizarro
Spanischer Konquistador

* um 1478 Trujillo/Spanien

† 1541 Ermordung in Lima

1600	1700	1800	1900	2000

1529 erhielt er den Auftrag und Gelder zur Eroberung neuer Länder vom spanischen König Karl V. 1532 landete er in Tumbes, einer Stadt an der Pazifikküste, und machte sich von dort aus auf nach Cajamarca. Dort wollte der Inka-Herrscher Atahualpa mit ihm verhandeln. Obwohl er von rund 50 000 Kriegern begleitet wurde, konnte Pizarro, der nur 167 Männer hatte, ihn in einen Hinterhalt locken und als Geisel nehmen. Einen Raum voller Gold als Lösegeld nahm Pizarro zwar an, ließ Atahualpa aber 1533 trotzdem hinrichten.

Das Ende

Im selben Jahr nahm Pizarro die Inka-Hauptstadt Cuzco mit ihrem reich mit Gold ausgestatteten Sonnentempel ein. 1536 versuchten die Inka mit 100 000 Mann die Stadt zurückzuerobern, was jedoch misslang. Pizarro war inzwischen Vizekönig und lebte in der von ihm 1535 gegründeten Stadt Ciudad de los Reyes (dem späteren Lima). Nach einem weiteren Feldzug geriet Pizarro mit einem Kampfgefährten aneinander. Er wurde 1541 von dessen Anhängern in Lima ermordet.

Sonnentempel

DAS GOLD DER INKA

Als »Schweiß der Sonne« bezeichneten die Inka Gold. Sie nutzten es nicht als Zahlungsmittel, sondern zur Herstellung von Kunstgegenständen. Sie verzierten und statteten auch ihre Sonnentempel reich damit aus, um das Leuchten der angebeteten Sonne nachzuahmen. Die Spanier ließen nahezu alle Gegenstände aus Gold einschmelzen und formten daraus gut zu transportierende Goldbarren. Dadurch gingen der Menschheit ungeheuer wertvolle Kunstwerke verloren.

1000	1100	1200	1300	1400	150

Reichlich Erfahrung in der Neuen Welt hatte Hernando de Soto bereits auf verschiedenen Expeditionen gesammelt. Unter anderem diente und unterstützte er 1532 Francisco Pizarro (s. S. 20) bei dessen Eroberung des Inka-Reichs und wurde dadurch wohlhabend. Er kehrte 1536 als Held der Schlachten von Cajamarca und Cuzco nach Spanien zurück, wo er eine Zeit lang als angesehener Mann lebte.

Dann hörte de Soto von unerforschten Gebieten in »La Florida«, wie damals alle Landstriche nördlich von Mexiko genannt wurden, und möglichen Reichtümern dort. De Soto verkaufte seinen gesamten Besitz und machte sich erneut auf. Er bekam den Segen seines Königs und den Auftrag, die unbekannten Regionen »zu erobern, zu bevölkern und zu befrieden«.

Florida aus dem All

Spur der Verwüstung

Von Kuba aus segelte de Soto 1538 gen Florida, wo er unangenehm überrascht wurde. Das Land war sumpfig, voller Alligatoren, Moskitos und feindlich gesinnter Indianer. Die Spanier misshandelten sie, raubten sie aus, brannten ihre Dörfer nieder und töteten, was ihnen in den Weg kam. Auf diese Weise zogen sie durch Gebiete, die heute zu Georgia, South und North Carolina im Süden der USA gehören.

Gier nach Gold

Die Konquistadoren zogen nach Norden. Was sie fanden, war Kupfer statt Gold. In der Stadt Mauvila, sie läge heute in Alabama, gerieten sie in einen Hinterhalt der Indianer. Sie konnten sich befreien und griffen ihrerseits die Stadt an. Während des neunstündigen Kampfes starben 82 Spanier und Tausende Ureinwohner. Allerdings war ein Großteil der Pferde der Eroberer geflohen, sie

selbst hatten fast keinerlei Aus-rüstung mehr und waren verletzt oder krank. Trotzdem schleppten sie sich weiter gen Westen und stießen im Mai 1841 auf den Mississippi. De Soto war der erste Europäer, der den Fluss in seinen Aufzeichnungen erwähnte.

Endstation Mississippi

Wie man mit 400 Mann einen sehr breiten Fluss überquert, beschäf-tigte de Soto und seine Gefolgsleu-te über einen Monat. Dann setzen sie mit selbst gebauten Flößen

Hernando de Soto

Spanischer Konquistador

* um 1500 Barcarrota/ Spanien

† 1542 am Mississippi

Mississippi

übers Wasser. Doch auch am anderen Flussufer hatten sie kein Glück: Ein harter Winter schlug erbarmungslos zu und sie kehrten um. De Soto starb im Mai 1542 an Fieber, die Leiche wurde von seinen Leuten im Mississippi versenkt.

INDIANER OHNE PFERDE?

Einfach unvorstellbar! Und doch gab es vor der Eroberung durch spanische Konquistadoren wie Hernando de Soto in Amerika keine Pferde. Die Tiere, die den Spaniern entlaufen waren, verwil-derten und lebten frei als Mustangs in der Neuen Welt. Die nordamerikanischen Indianer fürchteten sich anfangs vor Pferden, aßen sie aber auch. Erst ab dem 17. Jh. begannen Indianerstämme wie die Comanchen und Apachen sie als Reit- und Transporttiere zu nutzen.

ABEL TASMAN –
Einmal rund um Australien

1000	1100	1200	1300	1400	150

Ein sehr erfahrener Seefahrer war Abel Tasman, als er 1642 einen speziellen Auftrag der Niederländischen Ostindien-Kompanie bekam: Er sollte zum einen den Seeweg zum »Goldland Chile« finden und zum anderen klären, ob das früher gesichtete »Neuholland« (heute die Küste von Westaustralien) Teil eines noch unbekannten Südkontinents sein könnte.

Abel Tasman unternahm zwei Erkundungsfahrten, bei denen er zwar immer wieder Land erblickte, aber nie einen Fuß darauf setzte. Seine Entdeckungen hielt er lieber aus der Ferne auf Karten fest, womit er ein paar weiße Flecken auf der Weltkarte tilgte. Dass er bei seinen Expeditionen das riesige Land Australien einmal – wenn auch sehr weiträumig – umsegelt hatte, war ihm nicht bewusst.

Handelsleute

1602 war die Niederländische Ostindien-Kompanie gegründet worden, ein Bündnis mehrerer holländischer Händler. Seit 1613 hatte sie einen wichtigen Stützpunkt in der Hafenstadt Batavia. Heute heißt sie Jakarta und ist die Hauptstadt von Indonesien. Dort lebte Abel Tasman seit 1638 und wurde später vom damaligen Generalgouverneur der Kolonie, Antonio van Diemen, für eine Expedition in den südlichen Pazifik angeheuert.

Abel Tasman
Niederländischer Seefahrer

* 1603 Lutjegast/ Niederlande

† 1659 Batavia/ Java

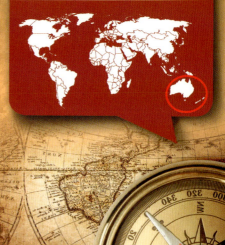

1600 · um 1642 · 1700 · 1800 · 1900 · 2000

»Terra Australis«

Die holländischen Händler waren hauptsächlich an neuen Handelswegen interessiert. Sollte »Terra Australis« existieren, also ein südlicher Kontinent, wollten sie die Ersten sein, die dort Fuß fassten. Abel Tasman segelte 1642 mit zwei Schiffen von Batavia aus zunächst nach Westen, um auf der Insel Mauritius Holz zu laden. Auf seinem Rückweg gen Osten war er so weit südlich abgedriftet, dass er das australische Festland verpasste. Er traf im November 1642 wieder auf Land, das später seinen Namen bekam: die Insel Tasmanien vor der Südküste Australiens. Anstatt an Land zu gehen, segelten die Entdecker jedoch weiter gen Osten.

das Schiff zu verlassen, wie auch bei der zweiten Pazifikreise 1644 entlang der australischen Nordwestküste.

In der Mörderbucht

Einen Landgang wagte ein Teil der Schiffsbesatzung erst, als sie Wochen später erneut eine Küste erreichten: Sie waren nach Neuseeland gelangt. In einer Bucht wurden sie jedoch von Maori angegriffen und mehrere Matrosen getötet. Deshalb taufte Tasman diese Stelle »Mörderbucht«. Bei der Entdeckung der Tonga- und Fidschiinseln sowie des Bismarck-Archipels 1643 verzichtete Tasman ebenfalls darauf,

STRÄFLINGSKOLONIE!

Die Insel vor Australiens Südküste taufte Abel Tasman zu Ehren seines Gönners Van-Diemens-Land. Sie wurde 1803 von den Briten in Besitz genommen, die dort eine Sträflingskolonie errichteten. Verurteilte Verbrecher, sowohl aus England als auch aus Australien, wurden bis 1854 dorthin verfrachtet. Zwei Jahre später wurde die Insel weitgehend unabhängig, bekam eine eigene Verfassung und Regierung sowie den Namen Tasmanien.

Tasmanischer Teufel

MARIA SIBYLLA MERIAN –
Zwei Jahre Surinam

Die Liebe zu Blumen und vor allem zu Schmetterlingen machte die deutsche Künstlerin Maria Sibylla Merian auch zur Naturforscherin. Als sie in verschiedenen Museen in Amsterdam viele prachtvolle Falter aus der damals niederländischen Kolonie Surinam an der Nordostküste Südamerikas sah, fasste sie 1699 den Plan, zusammen mit einer ihrer Töchter dorthin zu reisen.

Das Land war damals noch von undurchdringlichen Urwäldern bedeckt und das tropische Klima galt als extrem ungesund. Doch der Reiz, exotische Insekten in den verschiedenen Lebensstadien in ihrer natürlichen Umgebung beobachten und erforschen zu können, fegte alle Bedenken hinweg. Ihre Beobachtungen hielt Maria Sibylla Merian in farbig ausgemalten Kupferstichen fest, die Aufsehen erregten.

Raupen, Würmer, Maden

Maria Sibylla Merian war die Tochter des Kupferstechers und Verlegers Matthäus Merian der Ältere und Stieftochter des Blumenbildmalers Jacob Morell. Er förderte ihr Talent, mit dem sie später als Malerin ihren Lebensunterhalt bestritt. Sie interessierte sich sehr für Insekten, die damals als »Getier des Teufels« galten. Raupen auf ihren Futterpflanzen und ihre Verwandlung zu Schmetterlingen zeigte sie 1679 in einem Buch.

Unerschrockene Forscherin

Als Mutter von zwei Töchtern ging sie ohne ihren Mann 1685 erst in eine religiöse Gemeinschaft im holländischen Friesland, 1691 nach Amsterdam. Dort arbeitete sie als anerkannte Künstlerin und steckte 1699 ihr ganzes Geld in eine Reise nach Surinam. Drei Monate dauerte die Schiffsreise nach Südamerika. Vor der Abfahrt

Regenwald

| 1600 | **um 1699** | 1700 | 1800 | 1900 | 2000 |

hatte die 52-Jährige ihr Testament gemacht. Mit ihrer Tochter unternahm Maria Sibylla Merian Expeditionen in unerforschte Regenwaldgebiete. Dort sammelte sie Pflanzen, Tiere sowie Insekten und zeichnete sie. Fast zwei Jahre blieb sie in den Tropen, dann erkrankte sie an Malaria und reiste 1701 nach Amsterdam zurück.

Ein Prachtwerk

1705 erschien ihr Buch »Metamorphosis Insectorum Surinamensium« (»Die Verwandlung der Insekten Surinams«). Viele Pflanzennamen darin übernahm Maria Sibylla Merian von den Indianern Surinams. Die Schönheit der Abbildungen verriet nicht, welche Anstrengungen – Gluthitze,

Maria S. Merian

Deutsche Malerin und Naturforscherin

* 1647 Frankfurt am Main/ Deutschland

† 1717 Amsterdam/ Niederlande

Moskitos – die Künstlerin erduldet hatte. Reich wurde die Forscherin mit ihrem Werk nicht: Bis an ihr Lebensende gab sie Malunterricht, und als sie 1717 starb, bekam sie ein Armengrab.

KAPELLEN UND EULEN

Maria Sibylla Merian gilt als eine Wegbereiterin der Insektenforschung, der Entomologie. Sie gehörte zu den ersten Forschern, die sich systematisch mit den Insekten beschäftigten. Von ihr stammt auch die bis heute gültige Einteilung in Tages- und Nachtfalter, die sie als Kapellen – Falter, die tagsüber fliegen – und Eulen – Falter, die nachts fliegen – bezeichnete. Geehrt wurde Maria Sibylla Merian lange nach ihrem Tod: Ab 1992 bis zur Einführung des Euro zierten ihr Porträt und eine ihrer Zeichnungen den 500-DM-Schein.

VITUS BERING –
Von Russland nach Alaska

Im Auftrag des russischen Zaren Peters des Großen begann der dänische Seefahrer Vitus Bering ab 1725 die östlichen, damals noch unbekannten Grenzen des riesigen Reiches zu erkunden. Er sollte dabei herausfinden, ob Asien und Amerika durch Land verbunden oder durch Wasser getrennt war. Die Erste Kamtschatka-Expedition, wie das Unternehmen genannt wurde, scheiterte 1728. Vitus Bering kehrte nach St. Petersburg zurück, konnte aber dank der Unterstützung der neuen Zarin Anna 1733 zur Zweiten Kamtschatka-Expedition aufbrechen. Er durchfuhr 1741 eine Meerenge zwischen den beiden Kontinenten und entdeckte als erster Europäer Alaska. Auf der Rückreise fanden der »Kolumbus des Zaren« und viele Besatzungsmitglieder den Tod.

Vitus Bering
Dänischer Seefahrer

* 1681 Jütland/ Dänemark

† 1741 vor Kamt-schatka

Aus Mangel an Beweisen

Drei Jahre dauerte die Reise von St. Petersburg auf die Halbinsel Kamtschatka. Dort ließ Vitus Bering 1728 ein Schiff bauen. Mit ihm erkundeten er und seine Mannschaft die Küsten Sibiriens. Sie tasteten sich immer weiter ins Nordpolarmeer vor und durchquerten die Meerenge, die heute Beringstraße heißt. Wegen anhaltend schlechten Wetters mussten sie umkehren. So fehlte der letzte Beweis, ob es weiter nörd-

Vulkan Tolbatsch (Kamtschatka)

1600	1700	1800	1900	2000

um 1741

lich nicht doch noch eine Landverbindung zwischen Asien und Nordamerika gab.

Alaska in Sicht

1733 begann die zweite Expedition: Bering reiste mit über 1000 Menschen in acht Jahren über 14 000 km durch Sibirien wieder nach Kamtschatka. Ein Teil der Expedition kartografierte dabei die Nord- und Nordostküste Sibiriens. Bering und 90 Mann Besatzung stachen 1740 im Nordpazi-

fik in See. Im Hochsommer 1741 erreichten sie schließlich Alaska. Der übervorsichtige Vitus Bering erlaubte seinen Leuten, darunter dem deutschen Naturforscher Georg Wilhelm Steller, nur einen kurzen sechsstündigen Landgang, um Wasser aufzunehmen. Er befürchtete, die Wetterbedingungen könnten sich verschlechtern und der Winter sie unangenehm überraschen.

NICHT DER ERSTE

Beringstraße, Beringmeer, Beringinsel – mit diesen Namen wurde an Vitus Bering und seine Entdeckungen erinnert. Dabei war er gar nicht der Erste, der die Meerenge zwischen Russland und Alaska durchfuhr, sondern fast 80 Jahre früher, 1648, der Pelzhändler Semjon Iwanowitsch Deschnjow. Das geht aus seinem Reisebericht hervor, der erst 1736 im Archiv der Stadt Jakutsk gefunden wurde.

Klägliches Ende

Leider behielt der erfahrene Kapitän recht: Passatwinde verzögerten die Rückreise und brachten Kälte und Nässe. Es fehlte an frischem Trinkwasser und genügend Proviant, viele Matrosen mussten hungern und erkrankten an Skorbut (s. S. 31). Die Mannschaft war gezwungen, auf einer kahlen Insel vor Kamtschatka zu überwintern, was 34 Menschen das Leben kostete. Auch Vitus Bering starb dort und wurde auf Awatscha, heute Beringinsel, bestattet.

JAMES COOK –
Dreimal in die Südsee

Auf einem Kohletransportschiff erhielt einer der größten Seefahrer des 18. Jh. seine erste Ausbildung: Mit 17 Jahren heuerte James Cook dort als einfacher Matrose an. Er brachte sich selbst das Navigieren bei und studierte alte Seekarten. 1754 wechselte er zur Royal Navy, der Königlichen Marine Englands, wo er als überragender Kartograf auffiel.

Für die Royal Society, eine Wissenschaftsgesellschaft, machte sich James Cook auf die Suche nach dem geheimnisvollen Südkontinent und reiste dafür durch alle Weltmeere. Mit den Ländern, die er entdeckte, und den Karten, die er zeichnete, tilgte er mehr weiße Flecken auf der Erde als jeder andere Mensch vor oder nach ihm. Er kam auf grausame Weise auf Hawaii ums Leben.

Venusfinsternis

Mit dem Schiff »Endeavour« startete James Cook Ende August 1768 von Plymouth aus Richtung Südsee. Er und seine Begleiter, darunter viele Wissenschaftler, umsegelten Kap Hoorn, den südlichsten Punkt Südamerikas. Im April 1769 erreichten sie Tahiti. Dort beobachteten sie, wie der Planet Venus sich vor die Sonne schob. Auf der Rückreise kartografierte James Cook 1770 Teile Neuseelands und Australiens, bevor er 1771 nach England zurückkehrte.

Tiefer Süden, hoher Norden

Auf der zweiten Südseereise 1772–1775 ging es über Kapstadt runter zum 51. Breitengrad und südlichen Polarkreis, wo

James Cook

Britischer Seefahrer

* 1728 Marton/ England

† 1779 Hawaii

Gefahreneinstufung:
Tödlicher als alle Weltmeere
und Skorbut – ein Streit.

| 1600 | 1700 | um 1768 | 1800 | 1900 | 2000 |

James Cook Eisberge, aber nicht den legendären Südkontinent sichtete. Das Schiff lief dann Tahiti, die Tongainseln und die Osterinsel an, umsegelte Südamerika

Osterinsel

und fuhr über die Azoren im Atlantik zurück nach England. 1776 brach Cook erneut auf, um die Nordwestpassage zwischen Atlantik und Pazifik hoch im Norden Amerikas zu finden. Doch Packeis bremste ihn aus und er nahm wieder Kurs gen Süden, Richtung Pazifik.

Grausames Ende

James Cook zählte zu den wenigen Entdeckern seiner Zeit, die respektvoll mit den Menschen in den von ihm bereisten Gegenden umgingen. Im Januar 1779 erreichte die Expedition Hawaii. Dort geriet Cook einen Monat später wegen eines gestohlenen Beiboots in Streit mit den Einheimischen. Als er Waffengewalt anwendete, wurde er in der Bucht von Kealakekua durch Keulenschläge getötet. Seinen Leichnam rückten die Hawaiianer erst am nächsten Morgen heraus. James Cook bekam ein Seemannsgrab.

Cook-Denkmal – Bucht von Kealakua

SKORBUT

Viele Seeleute starben im 16., 17. und 18. Jh. an Skorbut. Diese Erkrankung wird durch den Mangel an Vitamin C ausgelöst. Sie zeigt sich durch Zahnfleischbluten, Hautentzündungen, Muskelschwund und Herzschwäche. Die Ernährung auf hoher See bestand meist aus Schiffszwieback und Pökelfleisch, beides gut haltbar, aber vitaminarm. James Cook war einer der ersten Kapitäne, der Vitamin-C-reiche Lebensmittel wie Zitronen, Sauerkraut und Kartoffeln auf seine Expeditionen mitnahm und so Skorbut unter seinen Leuten verhinderte.

MUNGO PARK –
Der Verlauf des Niger

Das erste Mal zog es den schottischen Landarzt Mungo Park 1795 nach Westafrika: Er wollte von der Küste aus ins Landesinnere vordringen, um den legendären Fluss Niger zu finden. In Aufzeichnungen aus der Antike und dem Mittelalter war über diesen großen Strom berichtet worden, doch wo seine Quelle lag, wie er verlief und wo er mündete, blieb den Europäern verborgen.

Mungo Park kämpfte sich durch den Dschungel, bekam Malaria, wurde von Sklavenhändlern festgenommen und schaffte es doch, als erster Europäer den Niger zu sichten. 1805 fasste er den Plan, nach Afrika zurückzukehren. Er wollte mit dem Boot auf dem Niger entlangfahren, um so seine Mündung zu finden, und verschwand spurlos.

Afrikanisches Dorf am Niger

Gefangenschaft

Zusammen mit einem freigelassenen Sklaven folgte Mungo Park dem Weg, den arabische Sklavenkarawanen nahmen. Dann jedoch fiel er Beduinen in die Hände, denen er erst nach vier Monaten

Der Schwarze Kontinent

Bezahlt wurde Mungo Parks Expedition von der Britischen Afrikagesellschaft. Sie war daran interessiert, das Land möglichst schnell zu erkunden, um sich seine Reichtümer zu sichern. Mungo Park erreichte 1795 per Schiff Gambia an der westafrikanischen Küste. Von dort aus zog er durchs sumpfige Landesinnere und bekam Malaria. Während seiner Genesung lernte er die Sprache der Einheimischen.

Mungo Park

Schottischer Landarzt

* 1771 bei Selkirk/Schottland

† 1806 verschollen auf dem Niger

| 1600 | 1700 | um 1795 | 1800 | 1900 | 2000 |

der Gefangenschaft entfliehen konnte. Allein und nur mit einem Kompass ausgerüstet und unterwegs von Einheimischen mit Essen versorgt, erreichte er im Juli 1796 den Niger. Seinen Rückweg trat er über Bamako an, heute die Hauptstadt Malis. Regenzeit und Malaria behinderten ihn erneut, doch Ende 1797 betrat er wieder englischen Boden. Sein Buch »Reise in das Innere von Afrika 1795–97« erschien 1805 und wurde zum Verkaufsschlager.

Spurlos verschwunden

Seine zweite Expedition trat Mungo Park 1805 im Auftrag der britischen Regierung an. Er war gut ausgerüstet, bewältigte trotz Regenzeit, Malaria und Ruhr 900 km durch den Dschungel bis zum Niger. Dort ließ er die »Joliba«, ein flaches Boot, bauen, bestieg es und schwor, nicht eher an Land zu gehen, bis er die Mündung des Flusses erreicht hätte: Er wurde nie wieder gesehen. Trotz aller Nachforschungen ist sein Schicksal bis heute ungeklärt.

BUMERANG-FORM

Forscher rätselten lange über den Verlauf des Niger, der mit 4184 km Afrikas drittlängster Fluss ist. Von seiner erst 1879 entdeckten Quelle aus – in Guinea an der Grenze zu Sierra Leone – fließt er nicht nach Westen zum nahe gelegenen Meer hin, sondern gen Norden Richtung Sahara. Erst dort wendet sich sein Lauf gen Südosten, um in Nigeria in einem 200 km breiten Delta in den Südatlantik zu münden. Der Fluss beschreibt dabei einen riesigen Bogen, der einem Bumerang ähnelt.

ALEXANDER VON HUMBOLDT –

Ein Forscher in Lateinamerika

Nicht Eroberungswille, sondern Forscherdrang war Antrieb für Alexander von Humboldts ausgedehnte Reise durch Lateinamerika. Obwohl er Volkswirtschaftler werden sollte, fand er seine Berufung in der Botanik und Geologie. Er untersuchte, sammelte, vermaß und zeichnete die Wunder der Natur, um die Welt für sich und andere erklärbar zu machen. Begleitet wurde Alexander von Humboldt vom französischen Botaniker Aimé Bonpland. Ihr Wissensdrang führte sie in die Tiefen des südamerikanischen Urwalds, auf Flüsse im Amazonasbecken, die noch kein Europäer zuvor befahren hatte, und auf die höchsten Gipfel der Anden. In seinen umfangreichen Schriften wertete Humboldt die Expedition aus und wurde unter anderem zum Mitbegründer der modernen Geografie.

Spanischer Freifahrtschein

Mit dem Erbe der Mutter konnte Alexander von Humboldt seinen Traum verwirklichen und 1799 zu seiner fünfjährigen Studienreise nach Lateinamerika aufbrechen. Ein Besuch beim spanischen König brachte weitere Hilfe: Reisepässe erlaubten Humboldt und Bonpland Bewegungsfreiheit in allen spanischen Kolonien. 1800 erreichten die beiden Forscher Caracas in Venezuela und brachen sofort in unbekanntes Gebiet auf.

Vom Fluss zum Vulkan

Ein ausgehöhlter Baumstamm diente Alexander von Humboldt als Kanu. Damit paddelte er den

Orinoco

Orinoco stromaufwärts und fand eine natürliche Wasserstraße, die diesen Fluss und den Amazonas verbindet. Die Qualen der Hitze, die Insekten und heftiges Fieber hielten die Pioniere nicht davon ab, Flora und Fauna zu erkunden. Nach einer Pause in Kuba gelangten sie 1802 über Kolumbien nach Ecuador. Dort bestiegen sie

Gefahreneinstufung:

Weit über alle Grenzen zu gehen, geschah im Auftrag der Wissenschaft.

1600   1700   um 1799   1800   1900   2000

den Chimborazo. Der Vulkan galt mit seinen 6310 m damals noch als der höchste Berg der Welt. Wegen Höhenkrankheit und einer nicht überwindbaren Felsspalte mussten sie auf 5600 m umkehren. Sie hatten aber einen Höhenweltrekord aufgestellt, der erst 30 Jahre später gebrochen wurde.

Chimborazo

Alexander von Humboldt

Deutscher Naturforscher

* 1769 Berlin/ Deutschland

† 1859 Berlin/ Deutschland

Reiche Ernte

Auf der Rückreise nach Europa 1804 trafen Humboldt und Bonpland in den USA den Präsidenten Thomas Jefferson. In Berlin war Alexander von Humboldt zum Mitglied der Akademie der Wissenschaften erklärt worden. Bis 1828 wertete er seine Forschungsergebnisse aus und hielt sie in mehreren Büchern fest. Im Auftrag des russischen Zaren erkundete er 1829 noch Sibirien und schrieb ab 1834 sein Hauptwerk »Kosmos«.

SELBSTVERSUCHE

Als Alexander von Humboldt am Amazonas sah, wie die Stromschläge des Zitteraals Pferde töteten, wollte er wissen, welche Auswirkungen ihre Elektrizität auf den Menschen hat. Er stellte beide Füße auf einen gefangenen Fisch und erlitt fürchterliche, tagelang anhaltende Schmerzen. Auch Curare, das Pfeilgift der Amazonas-Indianer, testete er aus: Er trank es, überlebte und erfuhr so, dass die tödliche Wirkung nur bei direktem Blutkontakt eintritt.

LEWIS UND CLARK –
Quer durch Nordamerika

Shoshone-Indianer

Im Jahr 1804 wagten Meriwether Lewis und William Clark die erste Überlandexpedition in den damals von Weißen noch unbesiedelten »Wilden Westen«. Ausgangspunkt war die Stadt St. Louis, wo der Fluss Missouri in den Mississippi mündet. Per Boot, zu Pferd und zu Fuß überwanden sie die insgesamt etwa 14 500 km bis an die Pazifikküste und zurück.

Schwierige Flussverhältnisse, Giftschlangen, Grizzlybären, fast 50 verschiedene Indianerstämme und Hunger gehörten zu den größten Herausforderungen, denen sie auf ihrer zweijährigen Erkundungstour begegneten. Ohne Sacajawea, Tochter eines Häuptlings der Shoshone-Indianer, wäre die Expedition wohl nicht geglückt und die Männer nicht nach Hause zurückgekehrt.

Meriwether Lewis und William Clark
Amerikanische Entdecker

* 1770 (Clark)
  Virginia/USA
* 1774 (Lewis)
  Virginia/USA
† 1809 (Lewis)
  Tennessee/USA
† 1838 (Clark)
  St. Louis/USA

Neuland

1803 verkaufte Napoleon die gesamte französische Kolonie Louisiana an Amerika. Das Gebiet war riesig und umfasste nahezu die gesamte Mitte der heutigen USA. Doch wie war dieses neue Land beschaffen? Das sollte Meriwether Lewis auf einer Expedition für den amerikanischen Präsidenten Thomas Jefferson herausfinden, dessen Privatsekretär er einst war.

Go West!

Zusammen mit William Clark, den er aus der Armee kannte, und 31 weiteren Teilnehmern brach Lewis im Mai 1804 gen Westen auf. Von Saint Charles aus, einer der letzten besiedelten Orte an der Mündung des Missouri, fuhr ein Teil der Expedition im Boot strom-aufwärts, die anderen ritten oder waren zu Fuß dabei. Über die paradiesisch anmutende Prärie der Great Plains mit ihren riesigen Bisonherden ging es auf die schneebedeckten Rocky Mountains zu. Diesen Gebirgszug zu überwinden, schaffte die Truppe nur mithilfe ortskundiger Indianer, zu denen die Shoshonin Sacajawea Kontakt hergestellt hatte.

BIG MUDDY

Der Missouri River wurde bei der Lewis-und-Clark-Expedition zwar genutzt, doch stellten die beiden Entdecker bald fest, dass er als schneller, schiffbarer Wasserweg für die Besiedlung des amerikanischen Westens nicht taugte. »Big Muddy«, wie der Missouri aufgrund seines hohen Schlammanteils genannt wird, wartete mit den Great Falls auf. Diese insgesamt fünf Wasserfälle mit ihren Stromschnellen konnten nur umtragen werden, was damals rund einen Monat dauerte.

Columbia River

Kurze Freude

Die Lewis-Clark-Expedition folgte dem Snake River sowie dem Columbia River und erreichte am 7. November 1805 den Pazifik. Die Gruppe errichtete ein Fort an der Mündung des Columbia Rivers in den Ozean, wo sie überwinterte. Im März 1806 begann die mühselige Heimreise. Wieder sorgte tiefer Schnee dafür, dass sie hungern mussten. Nach ihrer Rückkehr führten ihre Tagebuchaufzeichnungen und Landkarten zum Aufbruch unzähliger Menschen in den nun bekannteren Westen.

GIOVANNI BATTISTA BELZONI –
Pionier der Ägyptologie

Der Italiener Giovanni Battista Belzoni war 2 m groß und arbeitete in jungen Jahren als Muskelmann in England. Seine beeindruckendste Nummer: eine Pyramide aus zehn Menschen zu stemmen und herumzutragen. Er hatte aber auch Hydraulik studiert, eine Technik, bei der Wasserdruck zum Anheben wuchtiger Gegenstände oder zum Bewegen schwerer Maschinen genutzt wird.
Seine Kenntnisse stellte er in den Dienst der ägyptischen Regierung, wurde aber 1815 von den Briten für Schwertransporte altägyptischer Schätze nach England verpflichtet. Giovanni Battista Belzoni packte die Leidenschaft für die Ägyptologie und er legte verschiedene, heute berühmte Tempel, Anlagen und Pyramiden frei. Seine Kopien ägyptischer Inschriften, die damals noch niemand verstand, trugen später zur Entschlüsselung der Hieroglyphen bei.

Ein Koloss für London

Der Auftrag des britischen Generalkonsuls Henry Salt erschien Giovanni Battista Belzoni zunächst leicht: Er sollte den Kopf einer Statue nach London transportieren. Doch es handelte sich dabei um den sogenannten »Memnonkoloss« in Theben. Er zeigte Pharao Ramses II. und wog 6 bis 7 Tonnen. Der Italiener meisterte diese Aufgabe und entdeckte dabei seine Leidenschaft für die Ägyptologie.

Giovanni B. Belzoni

Italienischer Abenteurer

* 1778
  Padua/Italien

† 1823
  Benin/Afrika

Vom Sande befreit

Die Tempel von Abu Simbel entdeckte der Schweizer Johann Ludwig Burckhard 1813 und erzählte Giovanni Battista Belzoni sowie

Gefahreneinstufung:

Einen starken Mann haut so schnell nichts um – außer der Ruhr.

| 1600 | 1700 | 18.. **um 1815** | 1900 | 2000 |

Henry Salt als Ersten davon. Die Ausgrabungen in dieser Zeit waren immer auch eine Art Wettstreit zwischen englischen und französischen Archäologen. Es war dann eine von den Briten bezahlte Expedition, die den italienischen Abenteurer 1817 nach Nubien führte, ganz im Süden Ägyptens. Dort legte er die im Sand versunkenen Felsentempel frei. Im selben Jahr befreite er auch Teile des Karnak-Tempels nahe Luxor. Dabei stieß er auf mehrere Statuen, die Sekhmet zeigten, eine Göttin in Löwengestalt.

Ruinen von Karnak

Chephren-Pyramide

Ausgraben und ausstellen

Im selben Jahr entdeckte Belzoni im Tal der Könige mehrere Pharaonengräber mit Mumien, Skulpturen, kunstvollen Wandgemälden und Hieroglyphen. In Gizeh fand er 1818 den Eingang zur Chephren-Pyramide und gelangte bis zur Grabkammer. Bei Ausgrabungen am Roten Meer stieß er auf Berenike, einen alten ägyptischen Hafenort. Die von ihm gemachten Funde stellte er 1821 ein Jahr lang in der »Egyptian Hall« in London aus. 1823 starb er auf einer Reise in Benin an der Ruhr.

TEMPELRETTER AUS ALLER WELT

Die Tempel von Abu Simbel, die Ramses II. und seine Gemahlin Nefertari ehren, wären in den 1960er-Jahren beinahe den Fluten eines Stausees zum Opfer gefallen. Doch bevor der Assuan-Staudamm am Nil fertiggestellt wurde, hatten 50 Länder Geld für die Verlegung der Tempel gespendet: Sie wurden 1963–1968 abgetragen und in einer höheren Lage wieder aufgebaut. So blieben sie der Menschheit bis heute erhalten und zählen seit 1979 zum Weltkulturerbe.

CHARLES DARWIN –
Die Galapagosinseln

Charles Darwin studierte halbherzig Medizin und mit noch weniger Begeisterung Theologie. Er besuchte aber auch Vorlesungen über Botanik, sammelte Käfer und interessierte sich für Geologie. Seine Professoren schlugen ihm 1831 vor, sich als Naturforscher für eine Weltumseglung zu bewerben.

Die Expedition führte Charles Darwin auch auf die Galapagosinseln vor der Westküste Südamerikas. Seine Entdeckungen dort machten ihn später zum Mitbegründer der Evolutionstheorie. Sie besagt, dass die Erde und alle Lebewesen sich im Laufe vieler Millionen Jahre entwickelt hatten und nicht von Gott in sechs Tagen geschaffen wurden. Dies veränderte das Weltbild der damaligen Zeit völlig.

Vermessen und forschen

Die Weltumseglung mit der »HMS Beagle« stand unter dem Kommando von Kapitän Robert FitzRoy. Hauptziel der Reise war die Vermessung der Küsten Südamerikas. Im Dezember 1831 stach das Schiff in See und erreichte im Februar 1832 die brasilianische Küste. Auf seinen Landgängen erforschte Charles Darwin Pflanzen und Tiere und grub Fossilien aus.

Verschiedene Arten

1835 erreichte der Weltreisende die Galapagosinseln. Darwin fielen zahlreiche Tiere auf, die es nur dort gab, die sich jedoch innerhalb ihrer Art von Insel zu Insel unterschieden. So ließ sich zum Beispiel am

Charles Darwin

Englischer Naturforscher

* 1809 Shrewsbury/England

† 1882 Downe/England

1600	1700	1800	1900	2000

um 1831

Panzer der Schildkröten ablesen, von welcher Insel sie stammten. Charles Darwin präparierte ein paar Galapagos-Finken, um sie mit nach England nehmen zu können.

Neue Erkenntnisse

Über die Südsee, Australien, Mauritius, Madagaskar, Südafrika und einen Abstecher nach Südamerika erreichte die »Beagle« 1836 England. Charles Darwin begann dort seine Notizen, Tagebucheinträge und gesammelten Naturpräparate auszuwerten. 1839 erschien sein Buch »Die Fahrt der Beagle«. Danach vertiefte er sich ganz in seine Überlegungen »Über die Entstehung der Arten«. So hieß auch

DIE EVOLUTIONSTHEORIE

Die unterschiedlich geformten Schnäbel der Finken von den einzelnen Galapagosinseln brachten Charles Darwin auf seine Evolutionstheorie: Arten bleiben nicht unveränderlich – wie Theologie und Naturwissenschaften damals glaubten –, sondern passen sich ihrer Umwelt an. Dies geschieht nicht von heute auf morgen, sondern in kleinen Schritten über einen langen Zeitraum. Gut angepasste Arten überleben und pflanzen sich fort, die anderen sterben aus. Die Natur nimmt also eine natürliche Auslese vor. Die gleichen Gedanken hatte der Naturforscher Alfred Russel Wallace entwickelt, ein Zeitgenosse von Charles Darwin.

Galapagos-Finke

sein 1859 herausgegebenes Werk, das die Naturwissenschaft revolutionierte.

DAVID LIVINGSTONE –
Durchs südliche Afrika

Aus bescheidenen Verhältnissen stammte der Schotte David Livingstone, der als Kind noch in einer Baumwollspinnerei arbeiten musste. Er wurde Arzt und Missionar und ging 1840 nach Südafrika. Sieben Jahre später gründete er eine eigene Missionsstation, konnte aber nur einen einzigen Menschen zum Christentum bekehren. Mit Großwildjägern durchquerte er die Kalahari-Wüste und wurde zum Afrikaforscher. Seine weiteren Expeditionen führten immer wieder an den Fluss Sambesi, er durchquerte den Kontinent von Westen nach Osten und entdeckte 1855 die Victoriafälle. Erfolglos verlief seine Suche nach den Nilquellen: Er galt zwei Jahre lang als verschollen – bis der Journalist Henry M. Stanley ihn fand.

Kalahari-Wüste

Donnernder Rauch

Von Angola aus kämpfte Livingstone sich durch den Dschungel wieder zurück an den Sambesi, den er nun in östlicher Richtung entlangfuhr. Ende 1855 stand er vor gigantischen Wasserfällen,

Erkundungsreisender

Kurz nach seiner Ankunft in Afrika griff ein Löwe David Livingstone an und verletzte ihn schwer. Trotzdem durchquerte er 1849 unerschrocken die Kalahari-Wüste. Den Sambesi, den er 1851 erstmals sah, erkundete er ab 1853 im Boot. Krokodile, Stromschnellen, Malaria, Hunger und Erschöpfung waren seine Begleiter. 1854 erreichte er mit knapper Not die angolanische Hauptstadt Luanda.

David Livingstone
Schottischer Missionar und Afrikaforscher

* 1813 Blantyre/ Schottland

† 1873 Chitambo/ Afrika

Gefahreneinstufung:

Der Tod lauerte überall – und schlug nach 30 Jahren Stillhalten zu.

| 1600 | 1700 | 1800 | 1900 | 2000 |

um 1840

Verloren gegangen

Victoriafälle

Die Regenzeit, reißende Flüsse und Fieber erschwerten David Livingstones Suche nach den Nilquellen. 1866–1871 war er ohne Kontakt zur Außenwelt unterwegs – weshalb er für tot gehalten wurde. Erst der britisch-amerikanische Reporter Henry M. Stanley fand ihn im heutigen Tansania. Gemeinsam suchten sie den Ursprung des Nils – dann starb David Livingston 1873. Der berühmte Forscher wurde in der Westminster Abbey in London beigesetzt, bis auf sein Herz – das liegt in Afrika begraben.

von den Einheimischen »Donnern-der Rauch« genannt. Der Afrikaforscher taufte sie zu Ehren der englischen Königin Victoriafälle. 1856 kam er am Indischen Ozean an, damit hatte er als erster Europäer Afrika von West nach Ost durchquert. Seine zweite Expedition bezahlte die britische Regierung. In ihrem Auftrag erkundete Livingstone 1858–1863 den Sambesi per Dampfer. Er entdeckte sowohl den Chilwasee als auch den Njassasee (heute Malawisee).

BLUTRÜNSTIG UND TÖDLICH

Malaria gehört bis heute zu den gefürchtetsten Tropenkrankheiten. Sie wird durch den Stich weiblicher Moskitos (Stechmücken) übertragen. Da es noch keinen Impfstoff gibt, fordert die Malaria weltweit jährlich über 1 Million Menschenleben, die meisten davon in Zentralafrika. Infizierte Menschen bekommen Fieber und Schüttelfrost, haben Magen- und Darmbeschwerden sowie Krämpfe, können ins Koma fallen und dann sterben.

IDA PFEIFFER –
Wienerin auf Weltreise

Wie ein Junge wurde Ida Pfeiffer von ihrem Vater erzogen. Sie lernte früh, sich an harte Bedingungen anzupassen, beim Spielen mit ihren fünf Brüdern Mut zu beweisen, Schmerz auszuhalten und mit wenig Essen auszukommen. Später zwang ihre Mutter sie, sich so zu benehmen, wie es sich für junge Frauen Anfang des 19. Jh. gehörte. Sie musste heiraten und bekam Kinder.

Nach dem Tod ihres Ehemannes wagte sie mit nun 44 Jahren, ihrer eigentlichen Leidenschaft nachzugehen: dem Reisen. Von 1842 bis 1858 war sie fast ständig unterwegs. Auf vier Kontinenten legte sie insgesamt 32 000 km zurück, auf dem Meer 240 000 km. Dazwischen schrieb sie 13 Bücher über ihre Erlebnisse mit Tigern, Räubern und Menschenfressern.

Testreisen

Das Erbe ihrer Mutter erlaubte Ida Pfeiffer 1842, eine erste Reise zu unternehmen. Sie führte sie nach Palästina und Ägypten, eine auch damals unruhige Gegend. Sie besuchte unter anderem Beirut, Jerusalem, das Tote Meer, Damaskus, Alexandria und Kairo. Ihr Reisetagebuch wurde nach ihrer Rückkehr verlegt. Mit den Einnahmen finanzierte sie 1845 ihre Fahrt durch Skandinavien und schrieb auch darüber.

Kairo

Einmal um die ganze Welt

1846 begann Ida Pfeiffers erste Weltreise. An ihrem ersten Ziel Brasilien überlebte sie einen

SAMMELLEIDENSCHAFT

Von ihren Reisen brachte Ida Pfeiffer nicht nur Beschreibungen verschiedener Kulturen mit. Auch Tiere, Pflanzen und Mineralien hatte sie im Reisegepäck. Einen großen Teil davon verkaufte sie an britische und österreichische Museen. Einige der gesammelten Tiere sind nach ihr benannt, z. B. »Myronides pfeifferae«, eine Stabheuschreckenart aus Madagaskar.

Stabheuschrecke
»Achrioptera spec.«

1600   1700   1800   um 1842   1900   2000

Ischtar-Tor (Stadt-tor) Bayblon (Berliner Pergamonmuseum)

Mordanschlag, überstand danach die stürmische Schifffahrt um Kap Hoorn, bevor sie über Tahiti nach Hongkong und Kanton gelangte. 1847 setzte sie von Singapur aus nach Ceylon über. Sie bereiste Südindien, wurde zur Tigerjagd eingeladen und sah Kalkutta und Bombay. In Mesopotamien (heute Irak) nahm eine Karawane sie mit zu den Ruinen von Babylon und Ninive, wo Räuber sie bedrohten. Die nächsten Stationen waren Armenien, Georgien und die Städte Odessa, Konstantinopel und Athen. Sie kehrte 1848 nach Wien zurück und hielt dort ihre Abenteuer in dem Buch »Frauenfahrt um die Welt« fest.

auf Sumatra zu den Batak wagte, der Legende nach Menschenfresser. Ihre Reisebeschreibungen von 1856 umfassten vier Bände. Im selben Jahr wollte sie nach Australien reisen, kam aber nur bis Mauritius und Madagaskar. Die Malaria zwang sie im September 1858 zurück nach Wien, wo sie einen Monat später starb.

Borneo

Menschenfresser

Auf ihrer zweiten Weltreise besuchte Ida Pfeiffer zwischen 1851 und 1855 Südafrika, Indonesien, Kalifornien, Ecuador, Peru, Panama und Nordamerika. Berühmt wurde sie, weil sie als erste Weiße die indonesische Insel Borneo durchquerte und sich

Ida Pfeiffer

Österreichische Reiseschriftstellerin

* 1797 Wien/ Österreich

† 1858 Wien/ Österreich

Tripolis

Schon als Kind interessierte sich Heinrich Barth für Sprachen und die Welt der Antike. In seiner Studienzeit reiste er auf den Spuren der Phönizier, Griechen und Römer die nordafrikanische Mittelmeerküste entlang. Als Wissenschaftler konnte er später eine englische Expedition von der libyschen Hauptstadt Tripolis aus durch die Sahara an den Tschadsee begleiten.

Zusammen mit dem Missionar James Richardson und dem Geologen Adolf Overweg erforschte Heinrich Barth ab 1849 große Teile Nord- und Westafrikas. Ungewöhnlich für die Zeit war seine Wertschätzung für die vielen verschiedenen Kulturen Afrikas. Nach sechs Jahren und einer Gesamtstrecke von 20 000 km kehrte er nach Europa zurück – als einziger Überlebender der Expedition.

Anfangsschwierigkeiten

Ziel der von der britischen Regierung bezahlten Reise war es vor allem, Handelsbeziehungen mit arabischen Händlern zu knüpfen und den Sklavenhandel zu unterbinden. Eine erste Herausforderung für die Expedition stellte die Durchquerung der Steinwüste Hammada al-Hamra (Libyen) dar. Später wäre Barth fast verdurstet, als er das Bergmassiv Idinen in der Sahara allein erkundete. Gerettet wurde er von einem Einheimischen.

Bergmassiv Idinen

Rund um den Tschadsee

Nachdem sie die Sahara hinter sich gelassen hatten, trennten sich Richardson, Barth und Overweg. Während der Engländer den direkten Weg zum Tschadsee nahm, wollten die Deutschen ihn auf einer westlichen Route erreichen. 1851 traf erst Barth, dann auch ein erschöpfter Overweg an dem vereinbarten Treffpunkt in der Stadt Kukawa ein. Die Männer erfuhren dort, dass Richardson an Fieber gestorben war. Barth erkundete die Regionen südlich und

| 1600 | 1700 | 1800 | 1900 | 2000 |

um 1849

östlich des Tschadsees und den
Fluss Benue. Er wurde zum neuen
Expeditionsleiter ernannt und zog
mit Overweg Richtung Timbuktu.
Beide Forscher hatten Fieberan-
fälle, Overweg starb an Malaria.

3500 Seiten

Erst im September 1853 erreichte
Heinrich Barth Timbuktu (Mali).
Sechs Monate konnte er in der
Oasenstadt alte Schriften und Do-
kumente einsehen und so die Ge-
schichte der Stadt untersuchen. Er
stand unter dem Schutz eines berühmten Ko-
ran-Gelehrten,
musste vor
Angreifern
aber gelegent-
lich zu den Tu-
areg flüchten.
1854/1855
reiste Barth
zurück nach

Timbuktu

Heinrich Barth

Deutscher Afrikaforscher

* 1821 Hamburg/
Deutschland

† 1865 Berlin/
Deutschland

London. Dort schrieb er ein 3500
Seiten umfassendes Reisewerk.
Wegen seiner wissenschaftlichen
Herangehensweise verkaufte sich
das Buch sehr schlecht. Bis zu
seinem Tod 1865 war Heinrich
Barth Professor in Berlin.

DAS SPRACHGENIE

Bereits mit 14 Jahren sprach Heinrich Barth Englisch und lernte
neben Altgriechisch und Latein später auch Arabisch. In Afrika
brachte er sich mehrere Tuareg-Dialekte und afrikanische Sprachen
wie etwa Songhai und Fulfulde bei. Er fertigte von mehr als 40 Sprachen die »Central-Afrikanischen Vocabularien« an, die Wortlisten sowie Grammatik enthielten. Barth verglich die einzelnen Sprachen auch
untereinander, was ihn zum Pionier der Afrikanistik, der afrikanischen
Sprachwissenschaft, in Deutschland machte.

BURTON UND SPEKE –
Suche nach den Nilquellen

Nil aus dem All

Woher bekommt der Nil sein Wasser? Über 2000 Jahre lang beschäftigte diese Frage die Menschheit schon. In Khartoum, im heutigen Sudan, vereinigen sich der Blaue und der Weiße Nil zum großen Strom. Das war schon den alten Ägyptern bekannt, doch wo waren die Quellen dieser beiden Flüsse? 1857 brachen die Engländer Richard Francis Burton und John Hanning Speke auf, um den Ursprung dieses ca. 6650 km langen afrikanischen Flusses zu finden. Auf ihrer Expedition durch Ostafrika entdeckten sie als erste Europäer den Tanganjikasee. Kurz darauf stand Speke allein am größten Binnensee Afrikas, den er zu Ehren der englischen Königin Victoriasee nannte. Über seine Annahme, der Nil nähme dort seinen Anfang, zerstritten sich die beiden Forscher für immer.

Härtetest

Von der Insel Sansibar im Indischen Ozean setzten Burton und Speke 1857 nach Ostafrika über. 130 Begleiter und Träger sowie 30 Packesel waren mit dabei, als sie gen Westen durch den Dschungel zogen. Beide Expeditionsleiter erkrankten schwer an Malaria, Speke war sogar vorübergehend blind. Trotzdem erreichten sie 1858 den Tanganjikasee, Burton stand als erster Europäer an seinen Ufern.

Richard B. Burton
John H. Speke
Englische Afrikaforscher

* 1821 (Burton)
  Torquay/ England
* 1827 (Speke)
  Devon/Eng-
  land
† 1864 (Speke)
  Wiltshire/Eng-
  land
† 1838 (Burton)
  Triest/Italien

1600   1700   1800   **um 1857**   1900   2000

Im Alleingang

Die beiden Abenteurer fanden
am Taganjikasee den Rusisi.
Dieser große Strom floss jedoch
zum See hin, nicht von ihm weg.
Er konnte nicht die Nilquelle
sein, doch Burton beharrte darauf. Die Männer zogen Richtung
Norden, wo der erneut erkrankte
Burton in der Stadt Tabora blieb.
Speke reiste alleine weiter und
kam an den Victoriasee. Ihn
hielt er für die Hauptquelle des
Weißen Nils, hatte jedoch
keine Beweise dafür. 1859
verbreitete er seine Mei-
nung in London, noch be-
vor Burton aus Afrika zu-
rückgekehrt war. Beide
Forscher führten einen
erbitterten Streit mitei-
nander, wobei es um
wissenschaftliche Aner-
kennung, Ruhm und
Ehre ging.

Nilfrage gelöst?

Die Royal Geographic Society
beauftragte 1860 John H. Speke
mit einer Nachfolgeexpedition.
Er wurde auf dem Weg zum Victoriasee von seinem ehemaligen
Armeekollegen James A. Grant
begleitet. Unterwegs mussten die
Männer feindliche Stämme mit
Geschenken besänftigen. Im Juli
1862 standen sie an einem Fluss,
der den Victoriasee Richtung Norden verließ. Damit hielt Speke
die Nilfrage für gelöst – er hatte
nur zum Teil recht.

NILQUELLEN

Zwar hatte John H. Speke den Victoria-Nil gefunden, der
aus dem Victoriasee herausfließt – der See selbst ist
aber nicht die Quelle des Nils. Tatsächlich besitzt der
riesige Strom zwei Quellflüsse: Der längere von beiden
heißt Kagera, dessen Quellbach, der Luvironza, in Burundi entspringt. Der zweite und kürzere Quellfluss des Nils
ist der Rukarara. Er nimmt seinen Anfang im Süden von
Ruanda, einem Nachbarstaat von Burundi.

Khartoum (Stadt am
Weißen und Blauen Nil)

FRIDTJOF NANSEN –
Faszination Arktis

»Das Schwierige braucht ein wenig Zeit, das Unmögliche braucht etwas länger«, so lautete das Motto des Norwegers Fridtjof Nansen, der später Diplomat wurde und 1922 den Friedensnobelpreis erhielt. 1882 fuhr er auf einem Schiff norwegischer Robbenjäger zum ersten Mal in die Arktis. Die Ostküste Grönlands beeindruckte ihn so sehr, dass er Polarforscher wurde.

Zwei aufsehenerregende Expeditionen – sie führten den Pionier durch Grönland Richtung Nordpol – machten ihn weltberühmt. Seine Bereitschaft, ein Leben lang zu lernen, zahlte sich auch damals schon aus: Er schaute sich bei den Bewohnern der nördlichen Polarregion ab, welche Ausrüstung und Fortbewegungsmittel sich bei extremer Kälte bewähren.

Grönland von Ost nach West

Im Juli 1888 zogen Fridtjof Nansen und fünf Begleiter auf Skiern und mit Schlitten von der Ostküste aus über eine geschlossene Eisdecke ins Innere von Grönland. Neuschnee drosselte ihre Geschwindigkeit und erschwerte so ihr Vorwärtskommen. Als sie nach 49 Tagen die Westküste erreichten, hatten sie das letzte Schiff zurück verpasst. Sie überwinterten in Grönland, und Nansen nutzte die Zeit, um von den Inuit zu lernen, wie sie in der Arktis überleben.

Im Packeis zum Nordpol

Die natürliche Eisdrift im Polarmeer sorgte dafür, dass immer wieder Wrackteile vor Grönland auftauchten, die von Inseln vor Ostsibirien stammten. Diese Be-

Fridtjof Nansen
Norwegischer Polarforscher

* 1861 bei Oslo/ Norwegen

† 1930 bei Oslo/ Norwegen

Gefahreneinstufung:

Dank Klugheit und Glück dem Tod ständig von der Schippe gesprungen.

1600	1700	1800		1900	2000

um 1888

wegung wollte Fridtjof Nansen nutzen, um sich mit dem eigens gebauten Schiff »Fram« im Packeis zum Nordpol tragen zu lassen. Im Herbst 1893 überließen er und seine Mannschaft das Schiff ganz dem Eis, dessen Schub einen Höllenlärm verursachte. Anders als erwartet, ging es kaum gen Norden, dafür aber stetig gen Westen voran. Nach dem zweiten Winter beschlossen Nansen und sein Begleiter Hjalmar Johansen, sich zu Fuß Richtung Nordpol aufzumachen.

Verschollen im Eis

Anfang März 1895 quälten sie sich mit drei Schlitten, zwei Kajaks und 28 Hunden durch die unbarmherzige Landschaft. Irgendwann bemerkten sie, dass die Fläche, auf der sie gen Norden unterwegs waren, nach Süden abdriftete – sie liefen also gegen die Strömung. 15 Monate – in denen die Forscher als verschollen galten – dauerte ihr aussichtsloser Marsch. Im Mai 1896 trafen sie auf den britischen Polarforscher Frederick George Jackson. Auf seinem Dampfer kamen sie zurück nach Norwegen.

ÜBERLEBEN IM EWIGEN EIS

Temperaturen bis zu minus 50 Grad sind in der Arktis keine Seltenheit. Die Inuit, die rund um den Nordpol leben, haben sich über Jahrtausende hinweg an diese lebensfeindlichen Bedingungen angepasst. Fridtjof Nansen lernte von ihnen die Vorzüge von Hundeschlitten, Schnee als Baumaterial für Iglus und Tran als Ölersatz in Lampen kennen. Er studierte auch, welche Kleidung in der Arktis warm hält und wie die Inuit Walrösser, Robben und Eisbären jagen, um nicht zu verhungern.

SVEN HEDIN –
Karten von Zentralasien

»Schwedischer Marco Polo« wurde Sven Hedin bereits zu seinen Lebzeiten genannt. Er studierte Geografie bei einem anerkannten deutschen Chinaforscher und bewies schon früh sein Talent als Kartograf. Er beschloss, die letzten weißen Flecken auf den Landkarten Asiens zu erforschen, die unbekannten Gebiete zu vermessen und aufzuzeichnen.

Insgesamt vier zum Teil waghalsige Expeditionen führten ihn nach Zentralasien. Er gab dem Transhimalaja seinen Namen, bereiste für Europäer fremde Gebiete in Tibet und hinterließ ein gigantisches Kartenwerk. Der einst hochgeachtete Forscher verlor gegen Ende seines Lebens alle Sympathien, als er sich in den Dienst der deutschen Nazi-Diktatur stellte.

Auf Nimmerwiedersehen?

Die ersten Reise führte Sven Hedin 1893 – 1897 durch das Hochgebirge des Pamir und ins Tarimbecken mit der Sandwüste Taklamakan. Als er sich zur Durchquerung aufmachte, waren

Tarimbecken

Sven Hedin

Schwedischer Forschungsreisender

* 1865 Stockholm/
Schweden

† 1952 Stockholm/
Schweden

sich Einheimische sicher, er würde nie zurückkehren. Tatsächlich hatte der Schwede zu wenig Trinkwasser dabei und wäre beinahe verdurstet. Doch er überlebte, legte insgesamt 26 000 km zurück und gab über 10 000 km davon auf Karten wieder.

Zum Mittelpunkt der Welt

Zwischen 1899 und 1908 fanden die zweite und dritte Expedition von Sven Hedin statt. Sie führten ihn wieder ins Tarimbecken mit dem Salzsee Lop Nor, nach Tibet,

1600   1700   1800   **um 1893**   1900   2000

See Manasarovar

Kaschmir und bis nach Kalkutta und später durch die Wüsten Persiens. Am Lop Nor entdeckte er eine versunkene Königsstadt, in Tibet wurde ihm als Ausländer der Zutritt zur Hauptstadt Lhasa verwehrt. Transhimalaja, »Jenseits des Himalaja«, nannte er die Gebirgskette im südlichen Tibet. Als erster Europäer gelangte Sven Hedin an den heiligen See Manasarovar und zum heiligen Berg Kailash, für Buddhisten und Hindus der Mittelpunkt der Welt.

DIE GESCHICHTE DER KARTEN

Karten sind wichtig, um sich in fremdem Gelände zu orientieren oder den Weg in eine bestimmte Gegend zu finden. Erste Karten wurden sicher einfach in den Sand gezeichnet. Danach dienten Tontafeln, Papyrus, Tierhäute, Pergament und Papier als Zeichengrundlage, später wurden Karten ein- und mehrfarbig gedruckt. Gaben die ersten Karten eher eine grobe Übersicht, so wurden sie mit der Zeit immer genauer und bildeten dank neuer Vermessungstechniken die geografischen Gegebenheiten exakt ab.

Wandernde Universität

Die vierte Expedition führte Sven Hedin 1927–1935 in die Mongolei und nach China. An ihr waren so viele Wissenschaftler aus unterschiedlichen Bereichen beteiligt, dass der Schwede sie als »wandernde Universität« bezeichnete. Neben archäologischen Funden, die in China blieben, wurden Wetter- und Klimadaten gesammelt, Fossilien, Dinosaurierknochen, neue Pflanzen- und Tierarten entdeckt und erkundet, wo welche Bodenschätze lagern könnten.

MARY KINGSLEY –
Allein durch Westafrika

1000   1100   1200   1300   1400   150

Die Engländerin Mary Kingsley übernahm von ihrem Vater die Leidenschaft für ferne Länder und das Interesse an den Bräuchen und Religionen fremder Völker. Doch erst nach dem Tod ihrer Eltern konnte sie sich ins Land ihrer Träume wagen: Afrika. Ungewöhnlich für die Zeit war Mary Kingsleys Einstellung: Sie versuchte, den Schwarzen Kontinent aus dem Blickwinkel der dort lebenden Menschen zu verstehen, ohne sie verändern zu wollen. Auf ihrer Reise durch Westafrika kam sie in Gebiete, die noch kein Europäer betreten hatte, und lernte den Volksstamm der Fang in Gabun kennen. Ihnen eilte ein schrecklicher Ruf voraus – sie waren aber nicht der Grund, warum Mary Kingsley bei ihrer dritten Reise in Afrika starb.

Fische fangen am Kongo

1893 brach Mary Kingsley zu ihrer Reise durch Westafrika auf. Die ganz in Schwarz gekleidete Frau ging im heutigen Nigeria an Land. Dort erforschte sie das Hinterland, zog weiter nach Angola und von dort aus an den Fluss Kongo. Dort zeigten Eingeborene ihr, wie sie Netze zum Fischfang knüpfen konnte, und brachten ihr das Kanufahren bei. Mit einer bis dahin unbekannten Fischart und neuen Insekten kehrte sie 1894 nach England zurück.

Unter Kannibalen

Anfang 1895 begann die zweite Expedition nach Westafrika. Mary Kingsley reiste von Gabun erst per Dampfer den Fluss Ogowe hinauf, kämpfte sich dann im Einbaum mit ein paar Trägern flussaufwärts weiter. Sie durchquerte Sümpfe im Regenwald, wobei sie sich vor Blutegeln, Flusspferden, Krokodilen und mächtigen Gorillas in Acht nehmen mussten. Unterwegs tauschte Mary Kingsley mit Afrikanern einige ihrer Sachen gegen Essen. Ziel der Reise war der Volksstamm der Fang, der nicht nur für seine kunstvollen Holzmasken bekannt war: Die Fang galten als Menschenfresser!

Gefahreneinstufung:
Aug in Aug mit Kannibalen –
das braucht Nerven!

| 1600 | 1700 | 1800 | um 1893 | 1900 | 2000 |

Berg Kamerun

und kritisierte, dass europäische Missionare sie zerstörten. Ihre dritte Afrikareise führte sie nach Südafrika. Dort wollte sie im Burenkrieg, der 1899 ausgebrochen war, Verletzte pflegen. Sie starb dort im Jahr 1900 an Typhus.

Die Engländerin lebte einige Zeit in ihren Dörfern, beobachtete ihre Sitten und Gebräuche, ohne verspeist zu werden.

Eine andere Sicht

Den Abschluss ihrer zweiten Expedition bildete die Besteigung des Kamerunbergs, mit 4000 m der höchste Gipfel in Westafrika. Nach ihrer Rückkehr nach England schrieb Mary Kingsley mehrere Bücher über ihre Reisen, die sich glänzend verkauften. Darin stellte sie die Kultur der Afrikaner heraus

Mary Kingsley
Britische Forscherin und Ethnologin

* 1862 Islington/ England

† 1900 Simon's Town/Südafrika

KUNST UND KANNIBALISMUS

Der afrikanische Volksstamm der Fang war lange Zeit für seine Holzmasken berühmt. Viele europäische Künstler, wie etwa Pablo Picasso, ließen sich von ihnen anregen. Die Masken hatten Bedeutung bei Begräbnissen von Verstorbenen. Dass die Fang auch Menschenfleisch gegessen haben, scheint keine Legende zu sein: Wurde ein Gebiet erobert und Gegner getötet, aßen sie Teile der Toten. So sollte deren Kraft auf die Sieger übergehen.

Pflanzen, Tiere, fremde Kulturen und Sprachen interessierten Prinzessin Therese von Bayern von klein auf. Sie erhielt eine umfangreiche breit gefächerte Bildung. Später – Frauen durften noch nicht studieren – las sie alles über Geologie, Botanik, Zoologie und Ethnologie. Alexander von Humboldts Bücher weckten in ihr die Sehnsucht, Südamerika zu bereisen.

Eine Prinzessin, die lieber lernte, als zu heiraten, erregte damals großes Aufsehen. Doch ihr Vater, Prinzregent Luitpold von Bayern, unterstützte sie. So unternahm Therese per Schiff, im Kanu, zu Pferd oder zu Fuß mehrere Forschungsreisen nach Nord-, Mittel- und Südamerika. Sie brachte umfangreiche Sammlungen mit und erhielt für ihr Werk als erste Frau die Ehrendoktorwürde der Universität München.

Lofoten (Norwegen)

Traumziel Südamerika

1888 ging es zu einer ersten Forschungsreise nach Brasilien, wobei die Prinzessin dort so viele unbekannte Pflanzen und Tiere sammelte, wie möglich. Die Auswertung dieser Proben brachte

Standesgemäß reisen

Ihre erste Reise 1881 führte Therese durch Skandinavien. Als Prinzessin musste sie zum einen unerkannt bleiben, andererseits zumindest eine Hofdame oder einen Diener dabeihaben. Ein Jahr später war Russland ihr Ziel, wobei sie bis zur Kasachensteppe vordrang. Sie lernte auf beiden Reisen, eine Expedition sorgfältig vorzubereiten.

Therese von Bayern

Bayerische Prinzessin und Wissenschaftlerin

* 1850 München/ Deutschland

† 1925 Lindau/ Deutschland

1600	1700	1800		1900	2000

um 1898

ihr in Bayern erste wissenschaftliche Anerkennung ein. 1893 besuchte Therese Nordamerika und widmete sich dort den Prärie-Indianern. 1898 fand ihre längste Sammelreise statt: Sie durchstreifte ein halbes Jahr Kolumbi-

Berg Fitz Roy (Anden)

TÜRÖFFNERIN

Noch bis Anfang des 20 Jh. durften Frauen in vielen Teilen Deutschlands nicht studieren. Diesen Ausschluss des weiblichen Geschlechts von den Universitäten unterstützten selbst sehr namhafte Professoren wie etwa Max Planck. Therese von Bayern zeigte mit ihren Selbststudien und Forschungsreisen, dass Frauen sehr wohl wissenschaftlich arbeiten können. Sie bat ihren Vater, dies all ihren Geschlechtsgenossinnen zu ermöglichen: 1903 unterschrieb Prinzregent Luitpold einen Erlass, der die bayerischen Universitäten für Frauen öffnete.

Ludwig-Maximilians-Universität München

en, überquerte die Anden, zog über Ecuador nach Peru, Argentinien und Chile. Nur mit Mühe und Not schafften sie und ihre Begleiter es im Pferdewagen über einen 3970 m hohen Andenpass zum Schiff in Buenos Aires.

Hart im Nehmen

Therese von Bayern verlangte sich und ihren Begleitern bei dieser Forschungsreise körperlich einiges ab. Oft ritten sie zehn Stunden am Stück, schliefen auf harten Nachtlagern und waren extremer Hitze und Kälte ausgesetzt. Doch weder eine Lungenentzündung noch Höhenkrankheit oder die Malaria bremsten die Prinzessin aus. Ihre Reisefunde – darunter auch altindianische Schädel und eine Mumie – stellte sie selbst aus und vermachte sie später verschiedenen Münchner Museen und Sammlungen.

GERTRUDE BELL –
Im Herzen Arabiens

Golestanpalast (Teheran)

Gertrude Bell stammte aus einer wohlhabenden englischen Industriellenfamilie. Obwohl sie 1888 ihr Geschichtsstudium in Oxford als erste Frau mit höchster Auszeichnung abschloss, bekam sie keinen akademischen Grad – darauf hatten weibliche Studierende erst ab 1920 ein Anrecht. Ein Verwandtenbesuch führte sie nach Teheran und entfachte ihre Begeisterung für die Wüste.

1913, vor Ausbruch des Ersten Weltkriegs, ritt Gertrude Bell auf Pferden und Kamelen durch die Syrische und Arabische Wüste, lernte Gastfreundschaft von Stammesführern, Ablehnung und Gefangenschaft kennen. Als zweite Europäerin betrat sie die Oasenstadt Hail. Später beriet sie die britische Regierung in Nahost-Fragen und lebte in Bagdad.

Naher Osten

1899 zog es Bell nach Jerusalem und Palästina. Sie bestieg in Syrien das Gebirge Dschebel ad-Duruz. Als allein reisende Frau hatte sie Soldaten als Begleitschutz dabei, auch um Angriffe räuberischer Stämme abzuwehren. Nach zwei Kreuzfahrten um die Welt kehrte sie 1905 in den Nahen Osten zurück. An Archäologie interessiert, besuchte sie dort römische Ruinen wie etwa Palmyra.

Durch die Wüste

1909 führte sie eine Tour durchs alte Mesopotamien und die Syrische Wüste nach Bagdad. Sie reiste über die Flüsse Euphrat und Tigris und vermaß Uchaidir,

eine Burg aus dem 6. Jh. Aufsehen aber erregte Gertrude Bell mit ihrer Expedition zur Oasenstadt Hail im Süden der Nefud-Wüste. Kurz nach ihrem Aufbruch wurde ihre Karawane überfallen, ihre Waffen entwendet und nur gegen Bakschisch, eine »Geldspende«, zurückgegeben. In Hail angekommen, wurde Gertrude Bell der Spionage verdächtigt und

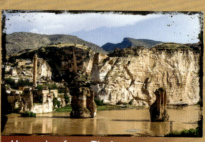
Hasankeyf am Tigris

Gefahreneinstufung:

Viele heikle Situationen – und ein eiserner Wille, sie zu meistern.

| 1600 | 1700 | 1800 | | 1900 | 2000 |

um 1899

neun Tage unter Arrest gestellt. Mit Verhandlungsgeschick erreichte sie ihre Freilassung. Für ihren Mut erhielt sie 1914 in London eine Auszeichnung.

Spionage

Da Gertrude Bell viel über den Nahen und Mittleren Osten wusste, wurde sie 1915 vom britischen Geheimdienst angeworben. Sie versorgte ihn mit Informationen und Karten aus der Region, die damals zum Osmanischen Reich gehörte. Nach dessen Zerfall trug sie als Beraterin der

König Faisal

britischen Regierung dazu bei, dass der einstige syrische König Faisal 1921 König des Iraks wurde. In Bagdad baute sie ein Antikenmuseum auf.

Gertrude Bell
Britische Forscherin und Archäologin

* 1868
Washington/
England

† 1926
Bagdad/Irak

ROTE SANDWÜSTE

Die Nefud-Wüste liegt im nördlichen Teil der Arabischen Halbinsel. Sie ist für ihren roten Sand bekannt und starke Winde, die plötzlich auftreten können. Sie wirbeln den tonartigen Sand auf, was das Vorwärtskommen erschwert. Der Wind schichtet den Sand auch zu Dünen auf, die bis zu 180 m hoch werden können. Durch diese Wüste zog 1917 auch Lawrence von Arabien. Dieser britische Geheimagent hieß eigentlich Thomas Edward Lawrence. Er und Gertrude Bell unterstützten im Ersten Weltkrieg den Aufstand der Araber gegen die Osmanen.

ROBERT E. PEARY –
Erster Mensch am Nordpol

Anfang des 20. Jh. schwanden die Möglichkeiten für Entdecker, neue Regionen der Erde zu erschließen und dadurch zu Ruhm und Ehre zu gelangen. Unerforscht waren fast nur noch die eisigen Polarregionen. Vor allem Nord- und Südpol übten auf Abenteurer eine ungeheure Faszination aus.

Als geradezu besessen vom Nordpol galt der amerikanische Ingenieur Robert E. Peary. Er erkundete ab 1891 mehrmals Grönland sowie die kanadische Arktis und nahm dabei ungeheure Strapazen auf sich. Am 6. April 1909 stand er als erster Mensch am Nordpol – das besagte zumindest sein eigener Bericht, der heute von vielen stark angezweifelt wird. Und da war noch Pearys Erzrivale Frederick A. Cook, der angab, ihm zuvorgekommen zu sein.

Insel aus Schnee und Eis

1891 kam Peary das erste Mal nach Grönland. Er sollte die Nordküste des Landes erforschen, für spätere Expeditionen über das arktische Eis zum Nordpol. Zusammen mit seinem späteren Begleiter Matthew Henson, einem Afroamerikaner, überwinterte er bei den Inuit. Sie lernten von den Einheimischen alles, was zum Überleben in der Eiswüste nützlich sein konnte.

Brutale Kälte

Sieben weitere Male erkundete Robert E. Peary Grönland und fand dabei heraus, dass es sich bei der Landmasse um eine Insel handelt. Er und seine Männer waren 1892 die Ersten, die das Inlandeis zweimal querten. Bei der Expedition von 1895 wären alle Teilnehmer fast umgekommen, weil sie ihre zuvor angelegten Proviantlager im Schnee nicht wiederfanden. 1898 erlitt der Polarforscher starke Erfrierungen. Matt Henson pflegte ihn und band ihn für den 400 km langen Rück-

1600   1700   1800   **um 1909**   2000

und schwenkten Fahnen. Zurück in Amerika erfuhren sie, dass der ehemalige Schiffsarzt Frederick A. Cook die Eroberung des Nordpols für sich in Anspruch nahm: Er behauptete, er habe ihn bereits am 21. April 1908 – also rund ein Jahr früher – erreicht.

weg auf einen Schlitten. Nur so überlebte Peary die nächsten elf Tage im Eis. Zu Hause mussten ihm acht Zehen entfernt werden.

Endlich angekommen

1909 wagten Peary, Matt Henson und mehrere Inuit einen erneuten Vorstoß zum Nordpol. Es ging bei minus 50 Grad Celsius über unberechenbare Rinnen und Schollen durchs Eis. Am 6. April erreichten sie einen Punkt, den sie für den Nordpol hielten, machten Fotos

Robert E. Peary

Amerikanischer Ingenieur und Polarforscher

* 1856 Pennsylvania/USA

† 1920 Washington/USA

KEINE BEWEISE

Weder Robert E. Peary noch Frederick A. Cook konnten zu ihrer Zeit belegen, dass sie tatsächlich den Nordpol erreicht hatten, und die Zweifler konnten nicht das Gegenteil beweisen – dazu fehlten die technischen Möglichkeiten. Es war der britische Polarforscher Sir Wally Herbert (1934–2007), der 1969 nachweislich als erster Mensch auf dem Landweg den Nordpol erreichte. Für ihn war er eine Zwischenstation bei seiner Durchquerung des Arktischen Ozeans auf dem Eis.

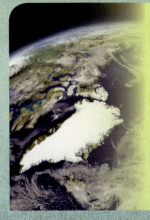

ROALD AMUNDSEN –
Wettlauf zum Südpol

Abenteuerlust und eine Leidenschaft für Eis und Kälte zeichneten den norwegischen Polarforscher Roald Amundsen aus. Als 24-jähriger Marineoffizier nahm er an einer Expedition teil, bei der die westantarktische Küste vermessen wurde. Zwischen 1903–1906 durchfuhr er als Erster die Nordwestpassage, die den Atlantik mit dem Pazifik verbindet; mehr als 200 Jahre lang hatten Seefahrer danach gesucht.

Er organisierte eine Expedition zum Nordpol, erfuhr jedoch, dass Robert E. Peary diesen bereits erreicht hatte. So plante er die Eroberung des Südpols. 1911 erreichte er ihn tatsächlich als erster Mensch, vor seinem britischen Rivalen Robert Falcon Scott, der auf tragische Weise umkam. 1928 starb Roald Amundsen in der Arktis – bei einer Rettungsaktion.

Nordwestpassage aus dem All

Erste Herausforderungen

Roald Amundsen wollte schon als Kind Polarforscher werden. Anstatt Medizin zu studieren, heuerte er 1894 auf einem Robbenfangschiff an und begleitete 1896–1899 eine belgische Expedition in die Antarktis. Bei der Fahrt durch die Nordwestpassage überwinterte Amundsen 1903 und 1905 auf einer Insel. Dort lernte er von den Inuit, Hundeschlitten zu lenken, und dass Fellkleidung vor Wind und Kälte schützt.

Wettlauf zum Südpol

Nachdem der Nordpol bereits erobert war, schmiedete Amundsen Pläne, als Erster den Südpol zu erreichen. Er machte sich umgehend, aber im Geheimen, Richtung Südpol auf. Selbst seine Mannschaft erfuhr erst unterwegs davon. Zur gleichen Zeit war der Brite Robert F. Scott zum

1600	1700	1800	19..	2000

um 1911

Südpol unterwegs, ein Wettlauf begann. Mit 13 Schlittenhunden, vier leichten Schlitten und auf Skiern begannen Amundsen und vier Männer ab dem 20. Oktober 1911 bei eisiger Kälte ihre Route über den Beardmore-Gletscher und das Transantarktische Gebirge. Sie erreichten den Südpol am 14. Dezember 1911 und damit 35 Tage vor Scott.

Nordpol von oben

Nach seiner Rückkehr aus dem ewigen Eis plante Amundsen, den Nordpol zu überfliegen, doch der Erste Weltkrieg kam dazwischen. Erst im Mai 1926 unternahm er im Luftschiff »Norge« einen Flug von Spitzbergen nach Alaska und passierte da-

bei den Nordpol. Als der Erbauer der »Norge«, Umberto Nobile, mit einem anderen Flieger im Juni 1928 in der Arktis verunglückte, suchte Amundsen ihn per Flugzeug, stürzte aber selbst ab und blieb verschollen.

Roald Amundsen
Norwegischer Polarforscher

* 1872 Fredrik-stad/Norwegen

† 1928 Arktis

ZWEITER AM SÜDPOL

Nachdem der britische Marineoffizier Robert Falcon Scott 1902 gescheitert war, den Südpol zu erobern, erreichte er ihn beim zweiten Versuch am 18. Januar 1912. Zum Verhängnis wurde ihm und seinen Begleitern der Rückweg: Das Wetter verschlechterte sich dramatisch, die Temperaturen sanken stark ab, Schneestürme kamen auf und die Vorräte gingen aus. Scott und seine Mannschaft kehrten nie aus der Antarktis zurück. Die Leichen wurden am 12. November 1912 von einem Suchtrupp entdeckt.

ALEXANDRA DAVID-NÉEL –

Verbotenes Tibet

Wüste Gobi

Die Französin Alexandra David-Néel war schon als Kind unternehmenslustig. Das erste Mal büxte sie ihren Eltern mit drei Jahren aus, mit 17 Jahren unternahm sie eine Wanderung über den immerhin 2106 m hohen St.-Gotthard-Pass in der Schweiz. Ihre Wissbegierde machte sie zur guten Sprachschülerin: Neben Englisch lernte sie Sanskrit und Chinesisch.

Sie studierte und unterrichtete in Brüssel Orientalische Philosophie. Dann brach sie zu einer Reise auf, die 14 Jahre dauern sollte. Sie führte sie durch teils unbekannte Gebiete Zentralasiens, nach Nepal, Sikkim, China, Indien und die Wüste Gobi. Weltberühmt wurde sie, als sie 1924 als erste Europäerin die verbotene tibetische Stadt Lhasa betrat – verkleidet als Bettelpilgerin.

Im Himalaja

Ihrem Interesse an der buddhistischen Lehre konnte Alexandra David-Néel von 1914 bis 1916 in einem Kloster im Himalaja auf 4000 m Höhe nachgehen. Sie wurde in viele geheime Texte eingeweiht und sogar in den Stand eines weiblichen Lama, eine spirituelle Lehrerin, erhoben. Sie verbrachte viel Zeit alleine, nur versorgt von ihrem Diener, dem 30 Jahre jüngeren Tibeter Aphur Yongden.

Weltsensation

Nach Aufenthalten in Japan und China kehrte Alexandra David-Néel 1918 nach Tibet zurück. Sie bereiste dort Provinzen, die

ALLZEIT BEREIT

»Der Weg ist Freude an sich«, meinte Alexandra David-Néel über ihre Reise- und Entdeckerleidenschaft. Bis zum Schluss ihres langen Lebens war sie zum Aufbruch bereit: Ein halbes Jahr nach ihrem 100. Geburtstag ging sie ins Rathaus ihres Wohnorts Digne-les-Bains, um ihren Reisepass noch einmal verlängern zu lassen. Sie starb mit fast 101 Jahren, ohne erneut auf Reisen gegangen zu sein.

1600	1700	1800	um 1924	2000

Europäern unzugänglich waren und bleiben sollten, wurde mehrfach zur Umkehr gezwungen. Das weckte ihren Widerstandsgeist, und sie entschloss sich, zu Fuß nach Lhasa zu gehen. Der Zutritt zur Hauptstadt Tibets war Europäern verboten, wer erwischt wurde, musste mit der Todesstrafe rechnen. Eine mehrjährige Wanderschaft mit Himalaja-Überquerung begann. Überfälle von Straßenräubern, Hunger, Durst und Schlafmangel hielten sie nicht von ihrem Vorhaben ab. Sie gab sich als Bettelnonne aus,

Alexandra David-Néel
Französische Reiseschriftstellerin

* 1868 Saint-Mandé/Frankreich

† 1969 Digne-les-Bains/Frankreich

Potala-Palast (Lhasa)

schwärzte Gesicht und Haare mit Ruß. Im Januar 1924 betrat Alexandra David-Néel als erste Ausländerin Lhasa, französische Zeitungen vermeldeten das als »Weltsensation«.

Zweite Asienreise

Ihr Bericht über ihre Reise nach Lhasa machte die Französin weltberühmt. Von 1936 bis

1946 bereiste sie Asien erneut, war unter anderem in China, Japan, Korea, erneut in Tibet und im Himalaja. Insgesamt 30 Bücher schrieb sie über ihre ausgedehnten Touren. Ihre letzten Jahre verbrachte sie in einem kleinen Ort in Südfrankreich, zusammen mit dem Tibeter Yongden, den sie mittlerweile adoptiert hatte und den sie um 14 Jahre überlebte.

1000	1100	1200	1300	1400	150

Buchcover »Tausendundeine Nacht« von 1897

An ihrem neunten Geburtstag bekam Freya Stark von ihrer Tante das Märchenbuch »Tausendundeine Nacht« geschenkt. Die Faszination für die Welt des Orients war entfacht und ließ das junge Mädchen nie mehr los. Sie lernte Arabisch und Persisch, was ihr bei ihren Entdeckungsreisen in äußerst abgelegene Gebiete Arabiens half. Berühmt wurde Freya Stark, als sie über ihren Ritt auf einem Maulesel durch ein bis dahin unerforschtes Tal in Nordpersien berichtete. Die Einnahmen aus dem Bestseller erlaubten ihr später, unter anderem den Jemen auf eigene Faust zu erkunden. Auch die Erlebnisse auf ihren späteren Touren hielt sie in Büchern fest und wurde zur viel beachteten Reiseschriftstellerin.

Tal der Mörder

Auf ihrer ersten Reise in den Nahen Osten besuchte Freya Stark 1927 Damaskus und das Gebiet der Drusen, eine islamische Glaubensgemeinschaft, was als sehr gefährlich galt. Furchtlosigkeit bewies sie auch 1930/1931 im Tal der Assassinen, auch »Tal der Mörder« genannt. Dort lebten Anhänger einer Sekte, von denen es damals hieß, sie wür-

Freya Stark

Englische Reiseschriftstellerin

* 1893 Paris/ Frankreich

† 1993 Asolo/ Italien

Umayyaden-Moschee (Damaskus)

den ihre Feinde aus religiösen Gründen umbringen. Doch mehr als die Menschen dort setzten Freya Stark Malaria, Denguefieber und Ruhr zu.

1600 1700 1800 19 **um 1927** 2000

Stadt Shibam (Hadramaut)

Annapurna

Durch den Hadramaut

Zweimal, 1934 und 1937, zog es die Abenteurerin in den Hadramaut. Diese Region liegt im Süden der Arabischen Halbinsel im heutigen Jemen. Freya Stark suchte nach der verschollenen antiken Stadt Shabwa. Bei ihrer ersten Tour erkrankte sie und musste von der Royal Air Force ausgeflogen werden. Bei ihrer zweiten Rundreise durch die wüstenartige Hochebene zog sie allein durch das Wadi Amd, ein ausgetrocknetes Flussbett, und fertigte Karten an.

Rastlos Reisende

Während des Zweiten Weltkriegs arbeitete Freya Stark für den britischen Geheimdienst. Sie lebte eine Zeit lang in Aden und fertigte Radiosendungen auf Arabisch an, um die Bevölkerung zu beeinflussen. Ab 1950 suchte sie sich neue Reiseziele, folgte den Spuren von Alexander dem Großen

durch Kleinasien, worüber sie ebenso schrieb wie über die Türkei und Mesopotamien. Mit 76 war sie erneut in Persien, davor in Afghanistan und im Irak. Mit 86 Jahren reiste sie ins Gebirgsmassiv des Annapurna im Himalaja. 1972 wurde sie geadelt und hieß fortan Dame Freya Stark. Sie starb mit über 100 Jahren in ihrer Villa im italienischen Asolo.

LUXUS-CAMPING

Freya Stark galt als sehr genügsam und konnte mit Entbehrungen gut umgehen. Auf ihren Touren durch unwegsames Gelände hatte sie aber meist ihr eigenes Feldbett und ein Moskitonetz dabei. Transportiert wurde diese »Camping-Ausrüstung« auf den Rücken von Mauleseln, die große Lasten schleppen können. Selbst aufbauen musste sie ihre Schlafstelle eher selten – das erledigte ein Diener für sie.

CHARLES LINDBERGH –
Alleinflug über den Atlantik

33 Stunden, 30 Minuten und 30 Sekunden dauerte der erste Alleinflug über den Atlantik, den der US-Amerikaner Charles Lindbergh am 20./21. Mai 1927 durchführte. In einem extra für ihn gebauten Flieger ging es nonstop 5508,5 km von New York nach Paris. Unterwegs war er immer bedroht von einem eventuellen Motorenausfall, Turbulenzen, Schlaf oder einer unmerklichen Kursabweichung. Lindbergh gewann 25 000 Dollar Preisgeld, das ein Hotelbesitzer für diese Leistung ausgesetzt hatte. Der damals erst 25-Jährige wurde zum amerikanischen Nationalhelden, zu einem der berühmtesten Männer seiner Zeit und Vorbild für andere Flugbegeisterte, darunter eine ebenfalls waghalsige amerikanische Pilotin.

Neufundland

Die »Spirit of St. Louis«

Charles Lindbergh beauftragte den Flugzeughersteller Ryan Airlines im kalifornischen San Diego mit dem Bau seines Rekordflugzeugs. Es handelte sich um eine einmotorige Maschine mit Tragflächen aus Stahlrohr und Holz, die mit Stoff bezogen waren. Anders als seine Konkurrenten, die sich am Transatlantikflug versucht hatten, vertraute Lindbergh sein Leben nur einem Motor an. Mit der Zahl der Motoren stieg seiner Meinung nach das Risiko eines Motorenausfalls. Da seine Geldgeber aus St. Louis kamen, taufte Lindbergh den Flieger »Spirit of St. Louis«.

Fliegender Treibstofftank

Vier Butterbrote, zwei Wasserflaschen und 1600 Liter Treibstoff – das war alles, was Charles Lindbergh an Bord hatte, als er am 20. Mai 1927 um 7.45 Uhr vom Roosevelt Field in New York abhob. Selbst auf ein Funkgerät und einen Sextanten hatte er aus Gewichtsgründen und zugunsten der Benzinversorgung verzichtet. Wäre er direkt nach dem Start abgestürzt, hätte eine riesige Explosion ihn vernichtet. Nebel, Graupel und Schnee machten ihm

| 1600 | 1700 | 1800 | 1900 | 2000 |

um 1927

wenige Stunden nach dem Start
das Überfliegen von Neufundland
schwer. Den Atlantik überquerte
er zum Teil im Tiefflug knapp über
den Wellen. Als er schließlich die
irische Küste erreichte, stellte er
dank Karte und Kompass fest,
dass er nur 5 bis 8 km vom Kurs
abgekommen war. Am 21. Mai
um 22.24 Uhr landete er auf dem
Flughafen Le Bourget in Paris.

Restlos begeistert

In Frankreich, England, Mexiko und
seinem Heimatland Amerika wurde
Charles Lindbergh stürmisch gefeiert. Seinen Triumphzug durch die

Charles Lindbergh
US-amerikanischer Pilot

* 1902
Detroit/USA

† 1974
Hawaii/USA

Straßen New Yorks begleitete ein
Konfettiregen, den die Bürger der
Stadt nur besonderen Ereignissen
vorbehalten. Charles Lindbergh
wurde zum Oberst befördert und
stellte weitere Rekorde auf.

AMELIA EARHART

Die erste Frau, die den Atlantik im Alleinflug überquert, war
die US-amerikanische Flugpionierin Amelia Earhart (1897–
1937). Sie startete am 20. Mai 1932 im kanadischen Neufundland und nahm in einer einmotorigen Lockheed Vega
Kurs auf Paris. Aufgrund schlechten Wetters musste sie
aber nach 15 Stunden im nordirischen Londonderry notlan-
den, hatte jedoch ihr Ziel erreicht. 1937 verschwand sie
bei dem Versuch, als erster Mensch im Flieger die Erde am
Äquator zu umrunden, mit ihrer zweimotorigen Lockheed
Modell 10 Electra im Pazifik.

CLÄRENORE STINNES –
Im Auto um die Welt

26 Jahre alt war Clärenore Stinnes, als sie am 24. Mai 1927 in Frankfurt am Main zur Reise ihres Lebens aufbrach: Zusammen mit dem schwedischen Kameramann und Fotografen Carl-Axel Söderström wollte sie als Erste im Auto die Welt umrunden. Die junge Deutsche kannte sich aus im Motorsport: Sie war mit 17 Siegen die damals erfolgreichste Autorennfahrerin Europas.
Mindestens 40 000 km – einmal der Erdumfang – lagen vor ihr. Vorbereitungen waren getroffen worden, so gut es ging: Passierscheine und Waffen waren besorgt, Mechaniker eingestellt worden. In vielen Teilen der Welt gab es keine guten Straßen und noch keine Tankstellen. Mit unvorhergesehenen Situationen umgehen zu lernen, wurde zur größten Herausforderung.

Adler auf Rädern

Obwohl Clärenore Stinnes aus einer schwerreichen Industriellenfamilie stammte, waren es fremde Sponsoren, die ihre Reise mit 100 000 Reichsmark unterstützten. Die Adlerwerke in Frankfurt am Main stellten ihr das Fahrzeug zur Verfügung, einen Adler Standard 6 mit drei Gängen und 50 PS, Höchstleistung: 85 km/h. Einzige Abweichung von der üblichen Ausstattung des Wagens waren Liegesitze, die Clärenore Stinnes hatte einbauen lassen.

Clärenore Stinnes

Deutsche Rennfahrerin

* 1901 Mülheim an der Ruhr/ Deutschland

† 1990 Schweden

| 1600 | 1700 | 1800 | 1900 | 2000 |

um 1927

Immer vorwärts

Gen Osten ging die Fahrt, die in Prag schon beinahe endete, weil die Kupplung des Wagens repariert werden musste – es sollte nicht das letzte Mal sein. Das kleine Team ertrug auf dem Weg nach Bagdad hohe Temperaturen um die 54 Grad Celsius. In Sibirien fuhren sie über den zugefrorenen Baikalsee und begegneten

Baikalsee

Wölfen. Sandstürme und Räuber erschwerten die Durchquerung der Wüste Gobi. Bequem war die

Etappe per Schiff nach Japan und Hawaii. In Südamerika allerdings mussten sich Clärenore Stinnes und Carl-Axel Söderström mit Dynamit oft Wege in den Fels sprengen oder das Auto per Flaschenzug über extrem steile Abhänge hinauf- oder hinabbefördern.

Selbst ist die Frau

Nachdem ihre Mechaniker in Russland das Weite gesucht hatten, reparierte Clärenore Stinnes selber nach jeder Panne, was kaputt war, egal ob Ölpumpe, Benzinleitung oder Kugellager. Am 24. Juni 1929 trafen die Abenteurer in Berlin ein, 46 758 km zeigte ihr Tacho an. Ihre unglaubliche Autotour einmal um die Welt hatte Carl-Axel Söderström in einem Film festgehalten. Er wurde wenige Monate nach ihrer Rückkehr im Kino gezeigt.

ERSTE AUTOFAHRERIN DER WELT

Im August 1888 unternahm Bertha Benz (1849–1944) mit dem dreirädrigen, 1886 patentierten Motorwagen ihres Mannes Carl Benz die erste Überlandfahrt – ohne dessen Wissen. Zusammen mit ihren beiden 13- und 15-jährigen Söhnen fuhr sie 106 km von Mannheim nach Pforzheim, wo ihre Schwester lebte, und drei Tage später auf einer anderen Route zurück. Kraftstoff für das Auto, eine Art Waschbenzin, bekam sie nur in Apotheken. Kleinere Reparaturen nahm sie mit Hutnadel und Strumpfband selbst vor.

WILLIAM BEEBE –
Pionier der Tiefsee

Ein anerkannter Vogelkundler war William Beebe bereits, als er 1929 begann, eine ganz neue Welt zu erobern: Zusammen mit dem Ingenieur Otis Barton entwickelte er eine Tauchkugel, die es möglich machte, die Tiefsee und ihre Lebewesen zu erforschen. Zwar gab es schon die Möglichkeit, mit schweren Helmen oder Ganzkörperanzügen zu tauchen, mit ihnen wurden aber nur Tiefen zwischen 15 und 100 m erreicht.
Mit der »Bathysphäre«, wie die Erfinder ihr Gerät aus Gussstahl nannten, stellten die beiden einen Tiefenrekord nach dem anderen auf. Die Presse berichtete von den lebensgefährlichen Versuchen, Beebe wurde zum Vorreiter der Meeresforschung. Mit seinen eigenen Berichten begeisterte er viele Menschen für die Unterwasserwelt.

Bathysphäre

Hohlkugel

Die 1930 gebaute »Bathysphäre« war eigentlich nicht mehr als eine kugelrunde Druckkammer. Sie hatte 2,5 cm dicke Wände aus Stahl, die dicht verschlossen waren. Sie konnten dem Wasserdruck standhalten, der mit der jeweiligen Tiefe stieg: In der Kabine im Inneren, sie hatte einen Durchmesser von 1,5 m, änderte sich der Druck nicht. Die »Bathysphäre« besaß drei Bullaugen aus ver-

TIEF, TIEFER, AM TIEFSTEN

1948 stellte Otis Barton mit 1370 m in seiner neuen Tauchkugel »Benthoscope« den bisherigen Tiefenrekord ein. Der bekannteste Nachfolger von Beebe und Barton auf dem Gebiet der Tiefseeforschung war der Schweizer Ozeanograf Jacques Piccard. Er wagte sich zusammen mit Don Walsh in dem Tauchboot »Trieste«, das einen eigenen Auftriebskörper besaß, 1960 auf den Grund des Challengertiefs im Marianengraben: Sie maßen dort eine Tiefe von 10 916 m.

1600	1700	1800	1900	2000

um 1930

stärktem Quarzsand, der Einstieg bestand aus einer 180 kg schweren Luke, die fest und damit wasserdicht zugeschraubt wurde.

Gut verkabelt

Vor der Küste Bermudas wurde es im Juni 1930 nach zwei unbemannten Testtauchgängen ernst: Beebe und Barton saßen in der »Bathysphäre«, die von einem Mutterschiff aus an einem Kabel hängend ins Meer herabgelassen wurde. Bei diesem Tauchgang erreichten sie eine Tiefe von 435 m, um sie herum wurde es stockdunkel. 1932 gingen sie bereits auf 661 m herunter, 1934 stellten sie mit 923 m einen neuen Tiefenrekord auf. Sauerstoff bekamen sie über Pressluftflaschen, die ausgeatmete Luft wurde mit Atemkalk gebunden. Bei den Tiefseefahrten waren sie über Telefon mit der Mannschaft an der Oberfläche verbunden – bei Schwierigkeiten hätte diese sie sofort hochgezogen.

Küste Bermudas

William Beebe
Amerikanischer Tiefseeforscher

* 1877 New York City/USA

† 1962 Arima/ Trinidad

Tiefseekreaturen

Zwar war die Tauchkugel auch mit einem starken Scheinwerfer ausgestattet, doch sein Licht reichte nicht, um Fotoaufnahmen machen zu können. William Beebe notierte daher, welche Lebewesen ihm unter Wasser begegneten, und ließ sie später zeichnen. Er entdeckte viele bis dahin unbekannte Tiere. Doch einige, da sind sich Wissenschaftler sicher, waren Beebes Fantasie entsprungen – jedenfalls wurden sie bis heute nicht gesichtet.

THOR HEYERDAHL –
Im Floß übers Meer

Wurde Polynesien vor Urzeiten von Südamerika und nicht von Asien aus besiedelt, wie Forscher vermuteten? Dieser Frage wollte der Norweger Thor Heyerdahl nachgehen und stellte einen ungewöhnlichen Versuch an: Er zimmerte mit fünf Mitstreitern in Peru ein Floß aus leichtem Balsaholz und segelte mit einfachsten Mitteln über den Pazifik.

Tatsächlich erreichten er und seine Mannschaft auf der »Kon-Tiki« nach 101 Tagen die polynesische Insel Angatau. Der unterwegs gedrehte Dokumentarfilm gewann 1951 einen Oscar. Der Film und das Buch über die Reise machten Thor Heyerdahl weltberühmt. Er widmete sich danach weiteren Projekten der experimentellen Archäologie, baute Schiffe aus Papyrus und Schilf nach – nicht alle von ihnen blieben heil.

Floß »Kon-Tiki«

Nach einem Sonnengott der Prä-Inkazeit wurde das Floß »Kon-Tiki« benannt. Es bestand aus neun Balsaholzstämmen, die mit Hanfseilen zusammengebunden und Querstämmen verstärkt wurden. Dazu kamen ein über 8 m hoher Segelmast und ein fast 6 m langes Steuerruder, beides aus Mangrovenholz, das Segel war 4,6 × 5,5 m groß. Es wurde ein Deck aus Bambusholz gezimmert und es gab eine kleine Hütte als notdürftigen Unterschlupf.

Fliegende Fische

Am 28. April 1947 begann die Reise der »Kon-Tiki«: Von der Küste Perus aus segelten die Männer Richtung Humboldtstrom. Diese Meeresströmung kommt aus der Antarktis, dreht vor Südamerika Richtung Westen, wo sie in den Südäquatorialstrom übergeht und sich nach Süden bewegt. Ihn nutzte Thor Heyerdahl, um Kurs auf die Südsee zu nehmen. Unterwegs versorgten sich die Männer mit Ananaskonserven, Wurzelgemüse, Kokosnüssen sowie fliegenden Fischen, die unterwegs auf dem Floß lan-

1600 | 1700 | 1800 | 1900 | 2000

um 1947

Thor Heyerdahl

Norwegischer Abenteurer

* 1914 Larvik/ Norwegen

† 2002 Colla Micheri/Italien

»Ra« und »Tigris«

Mit dem Papyrusboot »Ra« wollte Thor Heyerdahl 1969 von Marokko aus Amerika erreichen. Doch das Schiff ging 960 km vor Barbados unter, Heyerdahl wurde gerettet. Erst mit der »Ra II« gelang 1970 die Atlantiküberquerung. Das Schilfboot »Tigris«, nach einer Vorlage der alten Sumerer im Irak gebaut, sollte Thor Heyerdahl ab 1977 vom Irak aus rund um die Arabische Halbinsel tragen. Aufgrund eines Krieges konnte er nicht durchs Rote Meer segeln, woraufhin er nach 6800 km Fahrt das Boot aus Protest vor Afrika verbrannte.

deten. Außerdem hatten sie 1100 Liter Trinkwasser in Wasserkannen mit an Bord. Nach 90 Tagen sahen die Männer zum ersten Mal wieder Land, anlegen konnten sie erst elf Tage später. Sie hatten 8000 km auf dem Pazifik zurückgelegt.

Ra II

SEETÜCHTIGES HOLZ

Thor Heyerdahl bewies mit seiner »Kon-Tiki«-Expedition die Seetüchtigkeit des Holzes des Balsabaums. Diese Holzart ist äußerst leicht, weshalb Experten glaubten, es würde Wasser aufnehmen und dann untergehen. Auf seiner Reise erlebte Thor Heyerdahl, wie das Holz zwar aufquoll, aber das Floß dadurch dichter und stabiler wurde.

JACQUES-YVES COUSTEAU –
Leben unter Wasser

Für das Tauchen interessierte sich der Franzose Jacques-Yves Cousteau bereits als kleiner Junge, später kam noch die Filmleidenschaft dazu. Beides machte er zum Mittelpunkt seines Lebens, trug mit einer Erfindung zur Weiterentwicklung des Tauchsports bei, baute tiefseetaugliche Kameras und wurde zu einem der berühmtesten Meeresforscher der Welt.

Seine Unterwasserexpeditionen führten ihn vor allem ins Rote Meer, in den Indischen Ozean und die Karibik. Durch ihn und seine zahlreichen in Farbe gedrehten Dokumentarfilme lernten Millionen von Menschen die Schönheit der Tiefsee kennen, begegneten seltenen Fischen, Haien und bunten Korallenriffen – und begannen,

Schwerelos

Jacques-Yves Cousteau gehörte 1943 zu den Miterfindern der sogenannten Aqualunge. Durch sie war es Tauchern möglich, in einer Flasche Atemluft mitzuführen, deren Druck zuvor auf den Druck des Wassers abgestimmt worden war. Früher wurde der Taucher über einen Schlauch vom Schiff aus mit Luft versorgt. Jetzt konnte er mit dem Sauerstoffflaschen-Atemgerät lange unter Wasser bleiben und sich frei bewegen.

Expeditionsschiff »Calypso«

Ein irischer Bierbrauer schenkte Cousteau 1950 ein ehemaliges Minensuchboot. Der Meeresforscher ließ es zum Forschungsschiff umbauen: Es besaß einen Beobachtungsraum für die Unterwasserwelt mit fünf Bullaugen und in der Mitte eine Schleuse für den direkten Ein- und Ausstieg ins Wasser. Die erste Expedition ging 1951 zu den Korallenriffen im Roten Meer. 1957 erschien sein Film »Die schweigende Welt« und gewann einen Oscar für den besten Dokumentarfilm.

1600   1700   1800   1900   **um 1951**   2000

Unterwasserwohnung

Seinen zweiten Oscar erhielt Cousteau 1964 für den Dokumentarfilm »Welt ohne Sonne«. Darin zeigte er das Leben auf einer Unterwasserstation im Roten Meer vor Sudan. 1962 hatte Cousteau mit der »Conshelf« eine erste Unterwasserwohnung im Mittelmeer vor Marseille eingerichtet. Er wollte wissen, ob Menschen längere Zeit im Meer leben konnten. Die Ergebnisse dieser Forschung halfen bei der Ausbildung von amerikanischen Astronauten.

Jacques-Yves Cousteau
Französischer Meeresforscher

* 1910 bei Bordeaux/Frankreich

† 1997 Paris/Frankreich

TAUCHENDE UNTERTASSE

Leicht und wendig war das Unterwassergefährt, das Jacques-Yves Cousteau 1959 zusammen mit dem Ingenieur Jean Mollard entwickelte. Dieses Zweimann-Tauchboot namens »Denise« hatte 30 cm dicke Wände, wurde von einem Wasserstrahlwerk angetrieben und erreichte eine Geschwindigkeit von 2,7 km/h. Die UFO-ähnliche »tauchende Untertasse« erreichte Tiefen bis zu 300 m. Das Nachfolgemodell, die kugelrunde »Cyana« von 1971, konnte 3000 m tief absinken.

HILLARY UND NORGAY –
Auf dem Dach der Welt

Selbst für gut trainierte Kletterer waren und sind Höhen von über 7000 m eine Herausforderung: Dort beginnt die sogenannte Todeszone, länger als 48 Stunden kann sich dort kein Mensch aufhalten. Der Körper nimmt nicht mehr genügend Sauerstoff auf, und er verliert mehr Kraft, als er wieder aufbauen kann. Trotzdem versuchten Bergsteiger immer wieder, den Mount Everest im Himalaja zu besteigen, den mit 8848 m höchsten Berg der Erde. Die meisten kehrten unterhalb des Gipfels um oder kamen nicht lebend zurück. Es waren der Neuseeländer Edmund Hillary und der Nepalese Tenzing Norgay, die am 29. Mai 1953 Weltgeschichte schrieben: An diesem Tag standen sie als erste Menschen auf dem Dach der Welt.

Route auf den Mount Everest (rot)

Der Schicksalsberg

»Mutter des Universums« heißt er auf Tibetisch, »Stirn des Himmels« auf Nepalesisch, während er im Englischen den Namen eines Landvermessers trägt: der Mount Everest. Nachdem der tibetische Dalai Lama 1921 seine Erlaubnis erteilt hatte, versuchten britische Bergsteiger den Gipfel immer wieder zu bezwingen. 1924 verschwanden die Alpinisten George Mallory und Andrew Irvine beim Aufstiegsversuch. Nur Mallorys Leiche wurde 1999 entdeckt.

Eroberung des Gipfels

Bei der John-Hunt-Expedition von 1953 musste die erste Seilschaft wegen vereister Sauerstoffgeräte umkehren. Allein Edmund Hillary und Tenzing Norgay aus einer zweiten Gruppe schafften es, sich am 28. Mai zunächst ein Lager auf 8510 m auszubauen. Von dort aus brachen sie am nächsten Tag in aller Herrgottsfrühe auf, nahmen den Südgipfel und erreichten über eine 12 m hohe, fast senkrechte Felswand – sie erhielt später den Namen Hillary Step – um 11.30 Uhr den

1600　1700　1800　1900 **um 1953** 2000

eigentlichen Gipfel. Das Foto von diesem Ereignis zeigte Tenzing Norgay mit einem Eispickel, daran die Flaggen von Großbritannien, Nepal, den Vereinten Nationen und Indien.

Höchste Ehren

Die englische Königin Elisabeth II. schlug Edmund Hillary zum Ritter und verlieh Tenzing Norgay mit der George Medal die zweithöchste zivile Auszeichnung ihres Landes. Edmund Hillary brach bald zu einer neuen Expedition auf: Sie führte ihn 1958 an den Südpol. Tenzing Norgay gründete in Indien das »Himalayan Mounteneering Institute«, in dem er viele Bergsteiger ausbildete. An dem Streit,

wer von den beiden als Erster auf dem höchsten Gipfel der Welt stand, beteiligten sich Hillary und Norgay nicht – sie blieben ihr Leben lang Freunde.

Edmund Hillary und Tenzing Norgay

Bergsteiger

* 1919 (Hillary) Auckland/Neuseeland

* 1914 (Norgay) Tshechu/Nepal

† 1986 (Norgay) Darjeeling/Indien

† 2008 (Hillary) Auckland/Neuseeland

DAS VOLK DER SHERPA

Die meisten Männer, die seit jeher für Himalaja-Expeditionen als Helfer angeheuert wurden, stammten aus dem Volk der Sherpa. Deshalb glauben auch heute noch viele, jeder Sherpa sei ein Hochgebirgsträger, was nicht zutrifft. Sie haben jedoch die besten Voraussetzungen dafür: Da sie ständig in großer Höhe leben, ist ihr Körper außergewöhnlich leistungsfähig und sie kennen sich in den heimischen Bergregionen bestens aus.

JURI GAGARIN –
Erster Mensch im Weltraum

Mit einem Abschiedsbrief an seine Familie bereitete sich der Russe Juri Alexejewitsch Gagarin auf eine Reise vor, die seine letzte hätte werden können: Er setzte sich am 12. April 1961 in eine Raumkapsel, die mithilfe einer Trägerrakete ins All transportiert wurde. Dort umkreiste er einmal die Erde, bevor eine Bremszündung dafür sorgte, dass er auf seinen Heimatplaneten zurückkehrte. Mit diesem ersten bemannten Raumflug hatten die Russen den Wettlauf um die Eroberung des Weltraums gegen die Amerikaner gewonnen. Juri Gagarin brachte auch Erfahrungen über die Auswirkungen der Schwerelosigkeit auf den Körper mit und wie ein Mensch einen solchen Höllenritt in totaler Einsamkeit und qualvoller Enge überstehen kann.

Juri Alexejewitsch Gagarin
Russischer Pilot und Kosmonaut

* 1934 Kluschino/ Russland

† 1968 bei Nowosjolowo/Russland

die Ära der Raumfahrt. Zunächst mit unbemannten Raumschiffen, mit Hunden sowie einer Testpuppe im Druckanzug bereitete die UdSSR ab 1960 bemannte Raumflüge vor. Neben Starts wurde auch der Wiedereintritt in die Erdatmosphäre geprobt. Ein letzter Testflug, bevor tatsächlich ein Kosmonaut sein Leben riskieren sollte, fand am 25. März 1961 statt.

Start der Raumfahrt

Mit dem russischen Satelliten »Sputnik«, der ab dem 4. Oktober 1957 die Erde umkreiste, begann

»Sputnik«

1600 1700 1800 1900 **1961** 2000

»Auf geht's«

Ab 1960 gehörte der nur 1,57 m große Juri Gagarin der Ersten Kosmonautengruppe der Sowjetunion an. Er wurde mit 19 weiteren Luftwaffenpiloten gezielt auf einen Flug ins Weltall vorbereitet. Gagarin bestand sämtliche Tests, auch im Simulator für das Raumschiff »Wostok 1«, und wurde für den ersten bemannten Flug ausgewählt. »Auf geht's«, waren Ga-

HUND IM ALL

Das erste Lebewesen im Weltraum war die Hündin Laika. Der Husky-Terrier-Mischling hatte als Streuner auf der Straße gelebt, wurde dort eingefangen und mit zwei weiteren Hunden ersten Tests für die Raumfahrt ausgesetzt. Am 3. November 1957 startete Laika in der Raumfahrtkapsel »Sputnik 2« vom Kosmodrom Baikonur ins All. Sie starb – weil sich der Hitzeschild löste – vermutlich sieben Stunden später an den hohen Temperaturen.

garins Worte, als ihn die Trägerrakete am Morgen des 12. April 1961 gen Himmel trug. Die starke Beschleunigung drückte ihn mit dem Mehrfachen seines Gewichts in den Sitz und erhöhte seinen Pulsschlag erheblich. Er überstand die verschiedenen Absprengungsstufen der Raumkapsel und erreichte nach etwas mehr als zehn Minuten die Erdumlaufbahn. Gagarin stellte eine Funkverbindung her und teilte mit, dass es ihm gut ginge.

»Held der Sowjetunion«

Der Russe war der erste Mensch, der – aus dem Bullauge seiner Kapsel – die Erde von außen betrachtete: Er war von ihrer Schönheit faszi-

niert. 108 Minuten nach dem Start kehrte der erste Kosmonaut auf die Erde zurück. Die Belastung beim Landeanflug raubte ihm kurzzeitig die Sehkraft. Die Kapsel ging in einer Steppe im Südwesten Russlands nieder. Gagarin wurde zum Helden der Sowjetunion, er starb 1968 in einem Jagdflieger beim Übungsflug.

NEIL ARMSTRONG –
Mann auf dem Mond

Das Fliegen lag dem Amerikaner Neil Armstrong im Blut. Schon mit 14 Jahren steckte er sein erstes eigenes Geld in Flugunterricht. Zwei Jahre später erhielt er seinen Pilotenschein und begann ein Studium zum Flugingenieur. 1949 wurde er beim Militär zum Kampfpiloten ausgebildet. Nach dem Koreakrieg 1952 war er Testpilot für die Raumfahrtbehörde.
Er durfte Raketenflugzeuge steuern, gehörte ab 1962 zu den Auserwählten für das Astronautenprogramm der USA und bewies 1966 erstmals seine Flugkünste im All. 600 Millionen Menschen in aller Welt sahen im Fernsehen, wie Neil Armstrong im Zuge der »Apollo-11«-Mission die Mondlandefähre »Eagle« verließ und am 21. Juli 1969 als erster Mensch den Mond betrat.

Drei Männer, eine Mission

Am 16. Juli 1969 starteten die drei Astronauten Neil Armstrong, Edwin »Buzz« Aldrin und Michael Collins mit einer »Saturn-V«-Rakete vom Kennedy Space Center in Florida. Ihr Ziel war der Mond, in dessen Umlaufbahn sie mithilfe eines Bremsmanövers am 19. Juli 1969 einschwenkten. In der Umlaufbahn des Mondes stieg zunächst »Buzz« Aldrin in die mitgebrachte Mondlandefähre »Eagle« um, Neil Armstrong folgte ihm eine Stunde später, während Michael Collins im Mutterschiff blieb.

Der Adler ist gelandet

Der Autopilot der »Eagle« steuerte einen Mondkrater im »Meer der Stille« an,

FIRST MAN ON THE MOON

den Armstrong per Handsteuerung überflog. Die Fähre landete am 20. Juli 1969 um 20.17 Uhr, was mit den Worten »Der Adler ist gelandet« an die Bodenstation in Houston, Texas, übermittelt wurde. Am 21. Juli 1969 um 02.56 Uhr verließ Armstrong die »Eagle« und betrat als erster Mensch den Mond.

Dabei sprach er den berühmten Satz: »Ein kleiner Schritt für einen Menschen, aber ein großer Sprung für die Menschheit!« »Buzz« Aldrin folgte ihm 20 Minuten später. Die beiden sammelten in etwas mehr als zwei Stunden Mondgestein und führten einige Tests durch. Dann kehrten sie zur Kommandokapsel zurück.

17 Tage Quarantäne

Die Astronauten brachten ihr Raumschiff wieder auf Erdkurs und kamen am 24. Juli 1969 in der Kapsel im Pazifik herunter. Ein Bergungsschiff nahm die Astronauten auf, wobei große Vorsicht geübt wurde: Da man nicht wusste, ob die Mondfahrer vielleicht unbekannte Mikroorganismen mitgebracht hatten, mussten sie 17 Tage in vollkommen geschlossenen

Neil Armstrong

Amerikanischer Testpilot und Astronaut

* 1930 Wapakoneta/ USA

† 2012 Cincinnati/ USA

Anzügen abgeschieden in einer winzigen Quarantänekammer verbringen. Neil Armstrong betonte immer, dass die Mondlandung eine Gemeinschaftsarbeit war.

VERSCHWÖRUNGSTHEORIEN

Hat es die Mondlandung in Wirklichkeit nie gegeben? Einige Leute meinen, dafür gäbe es Beweise: Warum sind auf den Fotos von der Mondlandung keine Sterne zu sehen? Warum »weht« die amerikanische Flagge, obwohl der Mond keine Atmosphäre hat? Passten die Astronauten in ihren Raumanzügen überhaupt durch die Einstiegsluke der Raumfähre? Diese und viele weitere Fragen konnten Wissenschaftler klären. Tatsächlich waren an der »Apollo-11«-Mission 400 000 Menschen beteiligt – wären sie wirklich alle zu täuschen gewesen?

REINHOLD MESSNER –
Alle Achttausender

Dolomiten

Seinen ersten Dreitausender bestieg Reinhold Messner mit fünf Jahren – kein Wunder, war er doch in der Bergwelt Südtirols aufgewachsen. Seine Laufbahn schien damit vorgezeichnet zu sein, mit 20 hatte er sich als Extremkletterer schon einen Namen gemacht. 1970 zog es ihn in den Himalaja, wo ein tragischer Vorfall die Besteigung seines ersten Achttausenders überschattete. Danach reihte er einen Rekord an den anderen, bestieg insgesamt 3500 Gipfel, 100 davon als Erster. Er war auch der erste Mensch, der ohne zusätzlichen Sauerstoff alle 14 Achttausender der Erde bezwang, und lief zu Fuß durch die Antarktis. Das alles schaffte er, obwohl ihm nach der ersten Himalaja-Tour sieben abgefrorene Zehen amputiert werden mussten.

Todesdrama am Nanga Parbat

1970 begab sich Reinhold Messner zusammen mit seinem jüngeren Bruder Günther in den Himalaja. Sie bestiegen den 8125 m hohen Nanga Parbat über die als unbezwingbar geltende Rupalwand, die höchste Steilwand der Welt. Beim Abstieg über die Diamirflanke kam Günther Messner in einer Eislawine ums Leben. Lange Zeit wurde Reinhold Messner vorgeworfen, er habe seinen höhenkranken Bruder direkt unterhalb des Gipfels sich selbst überlassen. Er suchte 1971 nach der Leiche seines Bruders, dessen Knochen erst 35 Jahre später gefunden wurden.

YETI-SICHTUNG

Einheimische im Himalaja erzählten Reinhold Messner vom Yeti. Diesen zweibeinigen, behaarten Schneemenschen wollen schon viele Menschen in den abgelegenen Bergregionen gesehen haben. Tatsächlich sichtete der berühmte Bergsteiger 1986 im Osten von Tibet zumindest den Schatten dieses Fabelwesens und später auch seine Fußspuren: Messner ist sich sicher, dass es sich bei dem Ungeheuer um einen Schneebären handeln muss, der mindestens 400 kg wiegt.

1600   1700   1800   1900   um 1970   2000

14 Achttausender

Von 1970 bis 1986 nahm sich Reinhold Messner alle 14 Achttausender vor. Dabei wählte er zum Teil vorher noch nicht begangene Routen, wie etwa 1972 beim Aufstieg auf den 8163 m hohen Manaslu über die bis dahin noch nicht erforschte Südwand des Berges. Zusammen mit dem Bergsteiger Peter Haberl stand er am 8. Mai 1978 auf dem Gipfel des Mount Everest. Sie hatten ihn ohne zusätzlichen Sauerstoff zu verwenden erreicht, was bis dahin als unmöglich galt. 1982 nahm sich Reinhold Mess-

Reinhold Messner

Südtiroler Extrembergsteiger

* 1944 Brixen/ Italien

Lhotse

ner gleich drei Achttausender vor: den Kangchendzönga (8586 m), den Gasherbrum II (8034 m) und den Broad Peak (8051 m). Den Abschluss bildete der Lhotse (8516 m) – danach bestieg Reinhold Messner nie wieder einen Achttausender.

Durch Eis und Wüste

Wie ein Wiedergeborener fühlte sich Reinhold Messner, wenn er nach einer Bergbesteigung sicher ins Tal zurückgekehrt war. Seine Grenzen testete er auch aus, als er zusammen mit Arved Fuchs 1989/1990 zu Fuß die Antarktis durchquerte und sich 1995 an einer Durchquerung der Arktis versuchte, die jedoch scheiterte. 2004 lief er 2000 km längs durch die Wüste Gobi und schloss damit die Zeit seiner Extremtouren ab. 2006 eröffnete er an fünf Standorten in Norditalien das Messner Mountain Museum (MMM).

VOYAGER 1 UND 2 –

Durchs Sonnensystem

Die beiden Raumsonden »Voyager 1« und »Voyager 2« gehören zu den größten Erfolgen der amerikanischen Luft- und Raumfahrtbehörde NASA. Die beiden Sonden wurden 1977 vom Raketenstartgelände Cape Canaveral in Florida losgeschickt und sind seitdem in unserem Sonnensystem unterwegs.

Sie sollten dort die äußeren Planetensysteme erforschen, was sie zuverlässig mit spektakulären Bildern von Jupiter, Saturn, Uranus und Neptun erledigten. Doch sie taten noch mehr: Beide Sonden erwiesen sich als äußerst robust, eine schaffte es bereits, unser Sonnensystem zu verlassen, in den interstellaren Raum einzudringen und weiter Daten zu funken. Keine anderen von Menschen geschaffenen Objekte haben je zuvor diese Entfernung zur Erde erreicht.

Die Zweite war die Erste

An Bord einer »Titan-Centaur«-Rakete hob »Voyager 2« am 20. August 1977 ins All ab. Ihre Schwestersonde »Voyager 1« folgte ihr zwei Wochen später am 5. September 1977. Sie rasten mit 60 000 km/h durch den Weltraum. Ihr Ziel sollte es sein, die großen Gasplaneten Jupiter und Saturn zu besuchen. »Voyager 1« erreichte Jupiter im März 1979 und den Saturn im November 1980. Sie lieferte die ersten deutlichen Bilder von deren Monden.

Neue Erkenntnisse

Dank der »Voyager«-Schwestern erfuhren die Wissenschaftler viel über die Beschaffenheit der Monde des Jupiters: Der Mond Io wurde vom Vulkanismus bestimmt, mit Lavaflüssen und Seen aus Schwefel. Der Mond Europa dagegen hatte eine eisige Oberfläche, es herrschten Temperaturen von minus 150 Grad Celsius. Die »Voyager 2« nahm dann Kurs auf Uranus sowie Neptun, von dem sie

Jupiter   Mond Io

1600   1700   1800   1900   **um 1977**   2000

Neptun

1989 rund 9000 Bilder zur Erde funkte. Die Sonde entdeckte dabei neun neue Monde und untersuchte den bereits bekannten Mond Triton eingehender. Auf diesem Trabanten schleuderten Geysire flüssigen Stickstoff in die Höhe, der gefror und als Schnee niederging.

Ultraferne Boten

Kein anderes Objekt, das Menschen geschaffen haben, hat sich bisher so weit von der Erde entfernt wie die »Voyager 1«. Unvorstellbare 19 Milliarden Kilometer hat sie bisher zurückgelegt – sie befindet sich seit 2012 außerhalb unseres Sonnensystems. Ihre Funksignale brauchen 17 Stunden

bis zur Erde. »Voyager 2« hat durch den Abstecher zu Uranus und Neptun zwar 23 Milliarden Flugkilometer gesammelt, ihr Abstand zur Erde beträgt im Moment jedoch »nur« 15 Milliarden Kilometer. Ihre Funksignale sind innerhalb von 14 Stunden auf der Erde zu hören.

»Voyager 1« und »Voyager 2«

Amerikanische Raumsonden

1977 gestartet in Cape Canaveral/Florida

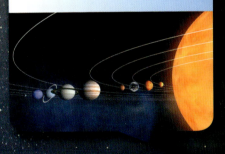

GOLDENE DATENPLATTEN

»Voyager 1« und »Voyager 2« haben jeweils eine vergoldete Datenplatte aus Kupfer an Bord, die mit Bild- und Toninformationen bestückt sind. Sie sollen intelligenten Außerirdischen von der Menschheit erzählen und ihnen die Position der Erde im Universum mitteilen. Auf den Hüllen der Platten stehen in Bildersprache Gebrauchsanweisungen, wie sie abgespielt werden können. Neben Grußbotschaften in 55 Sprachen und einer Einladung auf den blauen Planeten sind Musikstücke, Tierlaute und Naturgeräusche sowie Fotos von vielen Lebewesen der Erde gespeichert.

»Voyager 1«

HUBBLE-WELTRAUMTELESKOP –
Auge ins Weltall

Nach dem Entdecker des Urknalls, Edwin Hubble, ist das Weltraumteleskop benannt, das am 24. April 1990 mit dem Space Shuttle »Discovery« in die Erdumlaufbahn gebracht und dort ausgesetzt wurde. Es erlaubt uns Menschen seither, einen Blick in die Tiefen des Weltraums zu werfen.
Das Gerät, das ungefähr so groß wie ein Reisebus ist und über elf Tonnen wiegt, erfasst den Infrarotbereich, das sichtbare Licht und den Ultraviolettbereich. Es machte Aufnahmen von den Planeten unseres Sonnensystems (außer von Merkur) und der Milchstraße, bildete ferne und uralte Galaxien ab. 2018 soll es in Rente gehen.

Unscharf

Einen gehörigen Schrecken bekamen die Astronomen, als sie die ersten Bilder sahen, die Hubble aufgenommen hatte: Sie waren unscharf! Wie sich herausstellte, war der Hauptspiegel, der einen Durchmesser von 2,4 m hatte, falsch geschliffen worden. 1993 reparierte die Besatzung des Space Shuttle »Endeavour« diesen Fehler mit einem System, das einer Brille entspricht. Sie mussten Hubble dafür einfangen, vier der insgesamt sieben Astronauten arbeiteten in Raumanzüge gekleidet in fünf Außeneinsätzen frei schwebend im Weltall an ihm.

Unendliche Welten

Es folgten noch weitere Servicemissionen, die Hubble mit einer unglaublichen Fülle von bisher nie gesehenen Fotos belohnte. Sie gaben zum Beispiel auch Aufschluss über weite Leerräume zwischen den benachbarten Galaxien, über Schwarze Löcher, Staubscheiben um junge Sterne, die als Geburtsorte von Planeten gelten, und die Anfänge der Galaxienentstehung. 2003 brach die Raumfähre »Columbia« beim Wiedereintritt in die Erdatmosphäre

Tarantelnebel

1600   1700   1800   1900   um 1990   2000

auseinander. Wartungsarbeiten
an Hubble galten danach als zu
riskant, das Teleskop sollte deshalb gezielt abstürzen und verglü-
hen. Als Forscher und Hobby-As-
tronomen protestierten, peppte
die Besatzung des Space Shuttle
»Atlantis« Hubble 2009 noch einmal auf und installierte unter anderem eine neue Kamera.

Hubble-Weltraumteleskop

Amerikanisch-europäische Entwicklung

1990 gestartet vom Kennedy Space Center/Florida

2018 Betrieb wird voraussichtlich eingestellt

Superscharf

Spiralgalaxie

Die neue Kamera
lieferte gesto-
chen scharfe
Bilder, die zum
Beispiel eine
sogenannte
Balkenspiralga-
laxie zeigten, die
rund sechs Millio-
nen Lichtjahre weit von der Erde
entfernt im Sternbild Kleiner Bär
liegt, sowie von einem Sternen-
haufen in der Großen Magellan-
schen Wolke, die 170 000 Lichtjahre von der Erde entfernt ist, in
dem junge Sterne »heranwach-
sen«. Mithilfe von Hubble wurde
2014 der mit 13,6 Milliarden Jahren älteste Stern des Universums
entdeckt sowie eine der ältesten
Galaxien, die 13,15 Milliarden
Jahre alt sein soll.

DER NACHFOLGER

Eigentlich sollte das »James Webb Space Telescope«
schon 2014 das Hubble-Weltraumteleskop ablösen.
Da jedoch die Kosten für den Bau dieses Weltraum-
infrarotteleskops ungeheuer anstiegen, wurde der
Start auf das Jahr 2018 verschoben. Der Spiegel
des neuen Teleskops hat einen Durchmesser von 6,5 m und setzt sich aus
18 sechseckigen Einzelspiegeln zusammen.

Einen anderen Planeten zu betreten, davon träumt die Menschheit schon lange. Was läge näher, als sich dem Mars zuzuwenden, unmittelbarer Nachbar der Erde im Weltall? Seit den 1960er-Jahren schickten sowohl die Sowjetunion als auch Amerika Sonden los, die der USA lieferten erstmals Fotos von der Mars-Oberfläche. Eine Sensation war die erste Landung von Mars-Sonden Mitte der 1970er-Jahre, die Bilder direkt vom Boden des Roten Planeten aus zurück zur Erde funkten. Seit der Jahrtausendwende bis heute waren mehrere Landfahrzeuge auf dem Mars unterwegs. Sie nahmen Bodenproben, hielten nach Wasser Ausschau und prüften die Atmosphäre – Vorbereitungen für den ersten bemannten Raumflug zum Mars.

Die Wikinger landen

Die amerikanischen Raumsonden »Viking 1« und »Viking 2« landeten am 20. Juli und 3. September 1976 auf dem Mars. Beide Geräte setzten sich aus einer Mutter- und einer Tochtersonde zusammen. Während die Mutter für das Einschwenken in die Marsumlaufbahn sorgte, wurde die Tochter abgespalten und landete auf der Oberfläche des Roten Planeten. Bis 1980 konnte Kontakt zu den »Landern« gehalten werden: Sie sendeten je 2300 Bilder zur Erde und suchten nach Beweisen für Leben auf dem Mars.

Wassereis-Vorkommen

1997 waren es die Sonde »Pathfinder« und das erste Roboterfahrzeug »Sojourner«, die rund 17 000 Fotoaufnahmen, chemische Analysen von Boden und Gestein für die Wissenschaft machten sowie jede Menge Wetterdaten sammelten. Im selben Jahr kartierte der »Mars Global Surveyor« die Marsoberfläche. Dabei wurden umfangreiche Vorkommen von Wassereis

1600	1700	1800	1900	2000

um 2025

im Untergrund der Polargebiete des Mars entdeckt. 2004 folgten dann die Mars-Rover »Spirit« und »Opportunity«, 2008 die NASA-Sonde »Phoenix« und 2012 der NASA-Rover »Curiosity«. Sie alle konnten Wassereis und frühere Wasservorkommen auf dem Mars nachweisen.

Die ersten Mars-Menschen

Ist die Zeit reif, um Menschen zum Mars zu schicken? Ernst machte Anfang 2014 das Unternehmen »Mars One« aus den Niederlanden: Es suchte 24 Freiwillige, die ab 2025 in sechs vierköpfigen Gruppen auf dem Nachbarplaneten Kolonien aufbauen. 200 000 Menschen bewarben sich, 1058 von ihnen aus 140 Ländern wurden bisher genommen. Das weitere Auswahlverfahren soll im Fernsehen übertragen werden. Auch

Mars

Nachbarplanet der Erde

Durchmesser: 6800 km (am Äquator)

Atmosphäre: hauptsächlich Kohlenstoffdioxid

Oberfläche: rote Böden, Felsen, Krater, Eisenoxid-Staub, Vulkane, Gräben

Monde: zwei, »Phobos« und «Deimon«

Erster Mensch auf dem Mars: ....

interessiert? Warte lieber auf ein ernst zu nehmendes Unternehmen einer Luft- und Raumfahrtbehörde.

Internationale Raumstation (ISS)

HOHE BELASTUNGEN

Wie wirkt sich die Strahlung im Kosmos und von der Sonne ohne schützendes Magnetfeld auf den menschlichen Körper aus? Wissenschaftler rechnen mit bleibenden Schäden an den Körperzellen und der DNA, Trägerin der Gene und damit der Erbinformationen. Auch die Schwerelosigkeit könnte für Mars-Reisende verheerend sein: Muskeln, Knochen und Kreislauf werden – so zeigt sich schon nach 108 Tagen auf der Internationalen Raumstation (ISS) – nicht belastet und deshalb stark geschwächt. Der Hinflug zum Mars dauert etwa 500–600 Tage – können Menschen das überleben?

BILDNACHWEIS

© Fotolia: Achim Baqué; adisa; ai; airmaria; alain baron; Aleksandar Todorovic; Amy Nichole Harris; Anton Balazh; atm2003; axway; BaxBox; beawolf; buyman; Carlos Santa Maria; che; chris74; cityanimal; cratervalley; crimson; Daniel Prudek; David; deviantART; digitalbalance; Dmitry Naumov; Dmitry Pichugin; donyanedomam; Dutourdumonde; Erica Guilane-Nachez; erwinf; feathercollector; flyfisher; Frankix; franziskus46; freshidea; Galyna Andrushko; GeniusMinus; Georgios Kollidas; Harvepino; hecke71; Hennie Kissling; Henrik Larsson; herbert brosig; hitdelight; Iakov Kalinin; idesign2000; jamesh77; Jan Reink; Jasmin Merda; javarma; jptenor; JR Photography; Juulijs;kalypso0; Krzysztof Wikto; kuma; laufer; lesniewski; lunamarina;mady70; marcel; Marco Uliana; Mark Carrel; Mariusz Prusaczyk; Martin M303; Matthias Haas; mattjeppso; MF; Michael Rosskothen; Microstock Man; milosk50; momesso; nickolae; Olivier G; Palenque; Prawny; R.M. Nunes; Raheel; RCH; Romolo Tavani; rook76; saiko3p; shockfactor; Svetlana Nikolaeva; Tetastock; thomasp24; tiplyashina; Tony Baggett; Tryfonov; Tupungato; Valeriefillon; valery121283; vencav; Vitalii Hulai; Vladimir Melnik; volf; wusuowei; Xavier Allard; XtravaganT;

© Dpa Picture-Alliance GmbH: dpa/Jan Woitas; picture alliance/akg-images; picture alliance/All Canada Photos; picture alliance/AP; picture alliance/Bianchetti/Leemage; picture alliance/Bildagentur-online/Tips Images; picture alliance/Everett Collection; picture alliance/Franco Banfi/WaterFrame; picture alliance/Hippocampus-Bildarchiv; picture alliance/Leif Engberg; picture alliance/Photoshot; picture alliance/Robert B. Fishman ecomedia; picture alliance/Sueddeutsche Zeitung Photo; picture alliance/UPI; picture alliance/ZUMAPRESS.com; picture alliance/United Archives/DEA PICTURE LIBRARY; picture-alliance/dpa; picture-alliance/kpa; picture-alliance/Leemage; picture-alliance/Mary Evans Picture Library/ILLUS; picture-alliance/Terra Incognita e.V.; picture-alliance/United Archives/TopFoto

© gettyimages/Thinkstock
© Bayerische Staatsbibliothek München/Bildarchiv (S. 56)

IMPRESSUM

© 2015 arsEdition GmbH,
Friedrichstraße 9, D-80801 München
Alle Rechte vorbehalten
Text: Petra Bachmann
ISBN 978-3-8458-0743-0
www.arsedition.de